HEYNE <

Die Autorin

Im ländlichen Oberbayern aufgewachsen, entdeckte Elfie Courtenay schon früh ihre Liebe und Faszination für die Natur, aber auch für alte Bräuche, Mythen, Traditionen und Überlieferungen.

Viele Jahre lang organisierte und leitete sie gemeinsam mit ihrem Mann spirituelle Wanderreisen zu Kraftplätzen und heiligen Orten in Irland, Südengland und Schottland.

Heute arbeitet sie u.a. als freie Autorin, bietet im Raum Murnau meditative Wanderungen und Wildkräuterexkursionen an und ist Museumsführerin im Freilichtmuseum »Glentleiten« in Großweil bei Murnau.

Zuletzt schrieb Elfie Courtenay das Buch »Die schönsten Kräuterwanderungen im Oberbayerischen Alpenvorland«, erschienen bei J. Berg im April 2012.

www.courtenay.de

Elfie Courtenay

RAUHNÄCHTE

Die geheimnisvolle Zeit zwischen den Jahren

Alte Bräuche und magische Rituale für sich entdecken

WILHELM HEYNE VERLAG
MÜNCHEN

MIX
Papier aus verantwortungsvollen Quellen
FSC® C006701
FSC www.fsc.org

Verlagsgruppe Random House FSC®-N001967.
Das für dieses Buch verwendete FSC®-zertifizierte
Papier Offset Maxi liefert Igepa, Hamburg.

Originalausgabe 11/2013

Redaktion: Ulrike Strerath-Bolz, usb Bücherbüro
Fotografien: Elfie Courtenay
Ogham-Stäbe, Tierorakel-Steine, Runenset: Graham Courtenay
Umschlaggestaltung: Guter Punkt, München
Umschlagmotiv: © Galyna Andrushko / shutterstock und
© Hemera / thinkstock
Satz & Layout: griesbeckdesign, München
Druck und Bindung: CPI – Ebner & Spiegel, Ulm
ISBN 978-3-453-70241-7

http://www.heyne.de

Inhalt

Zu diesem Buch

Wenn ich zurückdenke an meine Kindheit Ende der Fünfzigerjahre des letzten Jahrhunderts, dann wird mir immer wieder bewusst, welcher Wandel sich seither vollzogen hat. Viele der in diesem Buch geschilderten Überlieferungen waren damals noch spürbar und allgegenwärtig, besonders in der älteren Generation. Es war zwar nicht mehr üblich, Gaben für »Frau Holle« unter den Holunderbusch zu stellen, aber ich erinnere mich daran, dass es hieß: »An Hollerbusch schneid't ma net.«

Die Menschen lebten noch eingebunden in die Kreisläufe der Natur, Wiesen und Felder wurden noch von Hand bestellt, aber trotz harter körperlicher Arbeit waren die Menschen viel ausgeglichener und zufriedener als heute.

Das alte Kräuterwissen war noch sehr lebendig. Bevor der Arzt gerufen wurde, hat man immer erst versucht, sich mit altbewährten Mitteln selbst zu helfen. Man hatte uralte Hausrezepte für verschiedenste Pülverchen, Salben, Tinkturen und Tees. Bei Fieber machte man kalte Wadenwickel und bei Bronchitis gab es heiße, zerdrückte Kartoffeln auf die Brust. Zum Inhalieren wurde Thymian überbrüht, und dann saß man mit einem Handtuch überm Kopf über die dampfende Schüssel gebeugt und atmete, so gut es ging, den heißen Dampf ein.

Ich erinnere mich noch gut daran, wie selbstverständlich es damals war, Kräuter, Beeren und Pilze zu sammeln. Erst als der Wohlstand zunahm, kamen die Menschen immer mehr vom Sammeln in der Natur ab. Ich glaube, dass manche sich schämten, denn keiner sollte glauben, sie wären zu arm, um im Dorfladen einzukaufen.

Die Kirchenglocken wurden noch vom Mesner geläutet; ein computergesteuertes Geläute wäre absolut undenkbar gewesen. Das »Sterbeglöckerl« erklang, wenn jemand verstorben war, und das »Wetterläuten«, wenn ein Unwetter aufzog. Es war eine wichtige Warnung für die Bauern, aber auch Anlass, die Kinder ins Haus zu rufen und alle Fenster und Türen zu schließen. Es war auch noch allgemein üblich, die »Wetterkerze« anzuzünden und gemeinsam zu beten, um vor Blitzschlag und Hagel verschont zu bleiben.

Irgendwie schienen die Menschen ihr Leben damals noch so wie eh und je zu leben, kaum beeinflusst von irgendwelchen Medien. Es gab nur eine einzige Tageszeitung, und viele Höfe und auch Häuser hatten noch »Plumpsklos«. Ich weiß noch, wie ich einem alten Opa zugeschaut habe, wie er sorgfältig die ein-

zelnen Blätter der Zeitung faltete, mit einem Taschenmesser in gleich große Teile zertrennte und dann im Klo auf den Nagel spießte. Es gab zwar schon Toilettenpapier von der Rolle, aber es galt noch als unnötiger Luxus.

Jeden Abend um 6 Uhr musste ich mit einer Milchkanne bei einer Bäuerin Milch holen. Ich liebte die Kuhstallatmosphäre, und wenn ich noch warten musste, schaute ich beim Melken zu, das damals noch von Hand geschah. Ich ging gerne Milch holen, auch weil ich auf dem Heimweg sämtliche Katzen aus dem Kannendeckel trinken ließ, was allerdings bis heute mein Geheimnis blieb.

Auf meinem Weg lag ein Hof, der damals schon als einer der ersten einen Fernseher hatte. Und wenn der Vorhang nicht ganz zugezogen war, konnte ich, auf Zehenspitzen stehend, ein paar Bildfetzen erspähen, was mich sehr beeindruckt hat.

Im Winter, wenn es auf dem Heimweg schon dunkel war, habe ich mich manchmal vor »bösen Geistern« gefürchtet. Ich hatte gehört, dass sie umgingen und man sich vor ihnen hüten müsse. Ich konnte mir nichts Genaues darunter vorstellen, aber es war irgendwie unheimlich.

Es gab noch keine Bestattungsinstitute, die Leichenwäscherin hat die Toten »herg'richt«, und dann wurden sie zu Hause oder im Leichenhaus aufgebahrt. Ich habe damals nicht verstanden, warum sich die Leute vor diesen Toten, die so friedlich dalagen und zu schlafen schienen, fürchteten. Es sprach ja auch mit uns Kindern niemand darüber. Wir haben uns nur so unseren Reim darauf gemacht mit den Satzfetzen, die wir hie und da aufgeschnappt haben: »De oide Huberin find't koa Ruah, de geaht oiwei no um« oder »pass blos auf, sunst ziagt a di a no ins Grab nei …« Die Vorfahren wurden zwar geehrt, aber trotzdem schien immer noch eine unerklärliche, gefährliche Macht von ihnen auszugehen. Es gab sogar ein Schild am Friedhofseingang: Betreten nach Einbruch der Dämmerung verboten.

Auch die Rauhnächte galten als etwas Unheimliches, sogar Gefährliches. Es hieß, dass man sich vor der »Wilden Jagd« hüten müsse, und wer nach dem »Gebetläuten« noch draußen sei, wäre ihr ausgeliefert. Man würde vom Heer der »Wilden Percht« mitgerissen und würde auf Nimmerwiedersehen verschwinden.

Damals lag über vielem noch ein Hauch des Unerklärlichen, Geheimnisvollen. Ich spürte, dass manche Leute mehr wussten als andere, und dass es Sachen gab, über die nicht gesprochen wurde, schon gar nicht mit Kindern.

Diese Kindheitserfahrungen haben mich sehr geprägt und dazu geführt, dass ich mich immer wieder mit alten Überlieferungen und mit dem Wissen und Brauchtum unserer Ahnen befasst habe. Und so ist schließlich auch dieses Buch über die Rauhnächte entstanden, über die zwölf heiligen Nächte um den Jahreswechsel.

Immer mehr Menschen sehnen sich inzwischen danach, ihre Wurzeln zu finden und wieder im Einklang mit der Natur und den natürlichen Zyklen des Jahreskreises zu leben und den tieferen Sinn ihres Lebens zu erkennen.

Tauchen Sie ein in den Zauber der Rauhnächte, und lassen Sie sich durch alte Bräuche und magische Rituale begleiten, um Ihren ganz individuellen Lebenssinn zu finden!

Alte Bräuche für die Zeit
»zwischen den Jahren«

Aus der Zeit gefallen

Gerade heute erwacht in vielen Menschen wieder die Sehnsucht nach dem Althergebrachten, Ursprünglichen und Natürlichen. So genial technische Errungenschaften und manche Vorzüge des modernen Lebens auch sein mögen: Dieses innere Sehnen wird nie ganz versiegen. Es ist wohl ganz einfach ein Teil der menschlichen Natur. Bräuche und Rituale zu bestimmten Zeiten des Jahres gehören dazu. Und eine besonders wichtige Zeit ist in diesem Zusammenhang der Jahreswechsel.

Die »Zeit« zu erfassen, sie in eine gewisse Struktur einzuordnen, sie messbar zu machen und ihre Abfolge benennen zu können, scheint seit jeher ein Bedürfnis der Menschheit gewesen zu sein. In Wahrheit ist »Zeit« jedoch immer gegenwärtig. Sie kommt und geht ja nicht, aber aus der menschlichen Wahrnehmung heraus gab es immer ein »Früher«, ein »Jetzt« und ein »Später«. Das Leben stand niemals still, es lief in bestimmten Zyklen ab, es gab ein unaufhörliches Werden und Vergehen.

Alle alten Kulturen beobachteten den Sternenhimmel, die Bewegungen von Sonne und Mond. Kalender wurden erstellt, die sich mal auf den Lauf der Sonne, mal auf den des Mondes bezogen. Es gab viele verschiedene Modelle der Zeitrechnung, die sich aber früher oder später immer wieder als nicht ganz korrekt erwiesen und neu berechnet oder korrigiert werden mussten. Der heute gebräuchlichste Kalender ist der im Jahr 1582 eingeführte gregorianische Kalender, der sich auf den Lauf der Sonne bezieht.

Die zwölf heiligen Nächte in der Zeit unmittelbar nach der Wintersonnenwende haben ihren Ursprung aber in einer viel älteren Zeitrechnung, die sowohl das Mond- als auch das Sonnenjahr berücksichtigte. Die zwölf Mondmonate begannen und endeten jeweils mit dem Neumond. Ein Mondzyklus wurde dabei immer mit 29,53 Tagen berechnet. Das ist die exakte Zeit, die der Mond braucht, um die Erde einmal zu umrunden.

Ein Mondjahr bestand somit aus 354 Tagen, während ein Sonnenjahr 365 Tage zählte. Ein Sonnenjahr berechneten die Germanen von Wintersonnenwende zu Wintersonnenwende. So ergab sich zwischen Mond- und Sonnenjahr eine Differenz von genau elf Tagen und zwölf Nächten, den Rauhnächten. Diese Tage und Nächte lagen gewissermaßen »außerhalb der Zeit« und galten deshalb als ein magischer und mythischer Zeitraum, in dem die üblichen irdischen Gesetze keine Gültigkeit hatten. Es hieß, dass sich die Grenzen zu jenseitigen Welten in diesem Zeitraum als dünne Schleier durch den Raum bewegten und Einblicke, Visionen und Erkenntnisse gewährten, die zu anderen Zeiten nicht möglich oder erlaubt waren.

Auch wenn der 24. Dezember allgemein als »Heilige Nacht« bezeichnet wird, beginnen die Rauhnächte erst danach. In manchen Regionen wurde der Tag des 25. Dezember bereits dazugerechnet, aber meist begann die erste Rauhnacht zwischen dem 25. und 26. Dezember, die letzte Rauhnacht endete am 6. Januar. Und genau in der Mitte, nämlich am 31. Dezember, wurde der Jahreswechsel gefeiert.

In vorchristlicher Zeit feierte man zur dunkelsten Zeit des Jahres, wenn nach der Wintersonnenwende der kürzeste Tag und die längste Nacht überwunden waren, die Rückkehr der Sonne, die Rückkehr des Lichtes auf die Erde. Als die Geburt Christi auf diesen Tag, also den 25. Dezember, gelegt wurde, hoffte die Kirche, auf diese Weise den heidnischen Sonnengott, der auch der Unbesiegbare genannt wurde, aus dem Bewusstsein der Menschen zu verdrängen und so den alten Glauben am besten besiegen zu können. Doch manches hat im Stillen bis heute überlebt – wenn auch inzwischen manchmal etwas rätselhaft und sinnentfremdet. Sogar das »Jul-Fest« der Germanen zur Wintersonnenwende blieb im Sprachgebrauch erhalten. In den skandinavischen Ländern bedeutet »God Jul« so viel wie »Frohe Weihnachten«.

In einigen Kulturen, speziell im Alpenraum, haben sich bis in die heutige Zeit verschiedenste Rauhnachtsbräuche erhalten. Sie haben natürlich niemals isoliert von den anderen Bräuchen und Festen innerhalb des Jahreskreises existiert. Aber heutzutage können sie so etwas wie ein Einstieg für uns sein, uns ganz bewusst Zeiten des Rückzugs und der Stille zu gewähren, um wieder aufmerksamer und achtsamer zu werden und uns für die größeren Zusammenhänge in der Natur und der gesamten Schöpfung zu öffnen.

So ist dieses Buch eine Einladung an Sie, die »Zeit zwischen den Jahren« zu nutzen, um zur Ruhe zu kommen, Kraft zu tanken, Vergangenes abzuschließen, sich zu besinnen und neu auszurichten. Die alten Bräuche und Rituale werden Ihnen dabei eine willkommene Hilfe sein.

Rauhnächte, Raunächte oder Rauchnächte?

Der Ursprung des Namens »Rauhnächte« bzw. »Raunächte« ist nicht eindeutig geklärt. Auf den ersten Blick scheint sich der Begriff auf die karge, rauhe, kalte und dunkle Jahreszeit zu beziehen, in der die zwölf heiligen Nächte gefeiert werden. Früher sollen sie aber auch »Rauchnächte« geheißen haben, denn zu dieser Zeit wurden Häuser und Ställe ausgeräuchert.

Die Bedeutung der Zahl »12«

Seit alter Zeit spielt diese Zahl in vielen Kulturen eine bedeutende Rolle. Einige Beispiele:

* Ein Jahr besteht aus zwölf Mondzyklen plus zwölf »heiligen Nächten«.
* Ein Jahr besteht aus zwölf Monaten.
* Der astrologische Kalender kennt zwölf Tierkreiszeichen.
* Tag und Nacht haben jeweils zwölf Stunden.
* Das Volk Israel führt sich auf die zwölf Söhne Jakobs und die daraus hervorgegangenen zwölf Stämme zurück.
* Jesus hatte zwölf Jünger, und nach dem Verrat und Tod des Jüngers Judas bestimmten die Jünger sofort einen Nachfolger.
* In der germanischen Mythologie gibt es ein zwölfköpfiges Götterkollegium, das in Asgard, dem Reich der Götter, in zwölf Palästen wohnt. Auch die griechische Mythologie kennt zwölf Götter in ihrem Pantheon.
* Der Held Herakles hatte zwölf Prüfungen zu bestehen.
* Die Tafelrunde von König Artus bestand aus zwölf Rittern.

Zahlen haben eine mystische und magische Bedeutung. So steht die »Drei« für die göttliche Dreifaltigkeit, im Christentum sind das: Vater, Sohn und Heiliger Geist.

In vorchristlicher Zeit verehrten die Menschen die Trinität der »Großen Göttin«: Jungfrau, Mutter und Alte Weise. Bei diesen drei Aspekten entsprach die Jungfrau der Liebesgöttin, die Mutter der Fruchtbarkeitsgöttin und die Alte Weise der Todesgöttin. Die »Drei« ist die Zahl der göttlichen Vollkommenheit, die Zahl des göttlichen Geistes der Inspiration und Beseelung allen irdischen Lebens.

Die Zahl »Vier« hingegen entspricht der irdischen Ordnung in der Natur: vier Elemente, vier Himmelsrichtungen, vier Jahreszeiten … die Vier entspricht der materiellen Welt und symbolisiert die materielle Ganzheit.

Indem man die Drei mit der Vier multipliziert, ergibt sich die Zwölf. Somit verbinden sich in der Zwölf göttlicher Geist und materielle Ganzheit.

Die Zahl »Zwölf« stand somit für Vollständigkeit und Einswerdung von Naturprinzipien und alles erfüllendem, göttlichem Geist: Sie entsprach der Schöpfungskraft.

Und so verbirgt sich in diesen zwölf heiligen Nächten eine unglaublich inspirierende Kraft. Es sind die Nächte der Besinnung auf die Vergangenheit, der Verankerung in der Gegenwart und der Ausrichtung auf die Zukunft, und wir sind eingeladen, in diesen Nächten unser Schicksal auf schöpferische Weise ganz neu in die Hand zu nehmen!

Das Weltbild unserer Ahnen

Die Menschen vorchristlicher Zeit, die in Ackerbaukulturen lebten, glaubten an die Beseeltheit der gesamten Natur. Die Erde selbst wurde als Göttin verehrt, die ständig neues Leben gebar, die in ihrer unendlichen Fruchtbarkeit und Güte die Menschen nährte und immer wieder von neuem Nahrung hervorbrachte.

Befruchtet wurde sie von der Sonne, denn ohne diesen männlichen Partner und Sonnengott würde die Erde brachliegen, würde sie in ewigen Schlaf verfallen und nie mehr aufwachen.

Die Menschen erlebten sich in einem Spannungsfeld von guten und bösen, lebensfördernden und zerstörerischen, unterstützenden und bedrohlichen Kräften. All den Kräften und Mächten, die ihnen einmal hold waren und ein andermal übel mitspielten, gaben sie Namen. Sie machten sie zu Göttern und Dämonen, zu guten und zu bösen Geistern. Der so entstandene Glaube prägte sich tief in ihre Herzen ein, wurde von Generation zu Generation weitergegeben und ist niemals ganz erloschen.

Keltische Feste im Jahreskreis

Anhand der keltischen Jahreskreisfeste lässt sich wunderbar nachvollziehen, wie die Menschen in früheren Zeiten im Einklang mit dem Lauf der Jahreszeiten und der Sonne lebten und feierten. Ähnliche Feste gab es auch in der germanischen Kultur und im Mittelmeerraum. Wie sehr diese Feste noch heute hinter unseren christlich geprägten Feiertagen versteckt sind, fasziniert immer wieder.

Das Sonnenjahr war in acht Feste unterteilt und begann mit »**Samhain**« in der Nacht vom 31. Oktober auf den 1. November. Samhain war das keltische Neujahrsfest und markierte den Beginn des Winters und der dunklen Jahreszeit. Die ersten Fröste kamen, die Blätter fielen, die Zugvögel brachen auf, Tiere begaben sich in den Winterschlaf.

Samhain ist ein Fest des Todes mit der Hoffnung auf Wiedergeburt. Bei den Kelten war es Morrigan, als weise Trägerin des Wissens um die Welt, die den Übergang der Seelen in die Anderswelt und auch zurück begleitete. Sie war als Göttin der Unterwelt eine Wächterin der Tore zwischen den Welten. Zu Samhain wurden die Schleier zwischen diesen Welten gelüftet, und um die Ahnen zu ehren, deckte man ihnen einen Platz am Tisch und lud sie ein, am Mahl der Lebenden teilzuhaben. Aber auch »böse Geister« trieben sich in dieser Nacht herum, und daher entstand der Brauch, Rüben auszuhöhlen, wilde Fratzen hineinzuschneiden und sie mit einem Licht vor die Tür zu stellen, um die Geister abzuschrecken.

Das Christentum legte später die beiden Feiertage Allerheiligen und Allerseelen auf diesen Termin. Auch an diesen christlichen Feiertagen werden die Ahnen geehrt, werden die Gräber geschmückt und wird der Verstorbenen im Gebet gedacht.

Das zweite Fest im Jahreskreis war »**Alban Arthan**«, die Wintersonnenwende. Sie wurde zwischen dem 20. und 23. Dezember gefeiert, als Wiedergeburt der Sonne aus dem dunklen Schoß der Nacht, die endlich zurückkehrte und wieder Fruchtbarkeit, Wachstum und neues Leben versprach.

Die Geburt Christi, die wir als Weihnachtsfest feiern, wurde später von der Kirche ganz bewusst auf diesen Zeitpunkt gelegt, entspricht sie doch genau dieser Symbolik: Rückkehr des Lichts auf die Erde.

Das dritte Fest im Jahreskreis war »**Imbolc**« und fiel auf den 1./2. Februar. Es war ein weiteres Fest zu Ehren des zurückkehrenden und zunehmenden Lichtes und war in Irland der Göttin Brigid geweiht. Zu Imbolc verkörperte Brigid den jugendlichen Aspekt der dreifachen Göttin. Zu dieser Zeit repräsentierte sie das erwachende, zurückkehrende Leben nach der langen, dunklen Zeit des Winters.

Bei uns galt Imbolc als Fest der Stille, der Reinheit und Reinigung. Zu Ehren des zunehmenden Lichts wurden Kerzen, Öl- oder Talglichter angezündet. Die Leiber der trächtigen Haustiere schwollen zu dieser Zeit bereits deutlich an, und als Opfergabe und Zeichen der Dankbarkeit wurde an Imbolc eine Schüssel Milch vor die Tür gestellt.

Im christlichen Jahreskreis heißt das Fest am 2. Februar Mariä Lichtmess. Dieses Maria geweihte Fest wurde meist mit einer Kerzenweihe und Lichterprozession begangen. Geweihte Kerzen waren sehr kostbar und wurden nur zu besonderen Gelegenheiten angezündet, z. B. bei drohenden Unwettern oder wenn jemand im Sterben lag.

Das vierte Fest wurde zwischen dem 20. und 23. März gefeiert. Es war die Frühlings-Tagundnachtgleiche, der Zeitpunkt, wenn Tag und Nacht gleich lang sind und das Licht endgültig die Dunkelheit zu besiegen beginnt. Der keltische Name für dieses Fest war »**Alban Eiler**«. Es war das Frühlingsfest; für ein halbes Jahr würden nun die Tage länger als die Nächte sein. Traditionell kam es jetzt zur Abschreitung der Äcker und zur Feldweihe. Die Göttin dieses Festes hieß Ostara oder auch Eostre; es lässt sich unschwer die Namensverwandtschaft mit Ostern erkennen. Symbolisch geht es um das Thema Auferstehung. In vorchristlicher Zeit ging es um die Auferstehung der Natur und um den Beginn eines neuen Vegetationsjahres, im Christentum geht es um die Auferstehung von Jesus Christus, die Überwindung des Todes durch das ewige Leben.

Symbole, die seit jeher zur Frühlingsgöttin und zum Osterfest gehörten, waren Hasen und Eier. Beide Symbole repräsentieren Fruchtbarkeit und neues Leben. Eier spielten seit jeher in Fruchtbarkeitsritualen eine wichtige Rolle, und Hasen sind weithin für ihre Paarungsfreude bekannt. Und da sie in Höhlen leben, sprach man ihnen außerdem eine besondere Verbindung zur Erde zu.

Das christliche Osterfest fällt nicht direkt auf das keltische Frühlingsfest. Es wurde auf den Sonntag nach dem ersten Vollmond nach Frühlingsanfang gelegt.

Traditionell wurden in Bayern in der Osternacht hinter der Kirche Feuer angezündet und vom Priester gesegnet. Anschließend wurde die Osterkerze daran entzündet und in die dunkle Kirche getragen: als Symbol für Christus als Licht der Welt.

Vor dem Gottesdienst ließ man die Feuerstellen im Haus verlöschen, und nach dem Gottesdienst brachte man Baumschwämme im gesegneten Feuer zum Glimmen, trug sie nach

Hause und entzündete das Feuer von Neuem. Dieses Feuer versuchte man so lange wie möglich zu erhalten, indem man die Glut abends mit Asche bedeckte und in der Früh von Neuem zum Brennen brachte.

Das fünfte Fest im Jahreskreis war »**Beltane**«, bei uns auch »**Walpurgisnacht**« genannt, nach Walpurga, der »Großen Göttin« der Germanen. Es wurde in der Nacht vom 30. April auf den 1. Mai gefeiert. Im keltischen Jahreskreis war Beltane das Fest der heiligen Hochzeit, und mancherorts wurde ein »Eichenkönig« oder »Grüner Mann« mit einer »Maikönigin« in einem Ritual vermählt. Der Name Beltane leitet sich vermutlich vom keltischen Sonnengott Bel oder Belenus ab, was so viel wie »der Leuchtende, Strahlende, Glänzende« bedeutet.

So wie Samhain die Ankunft des Winters anzeigt und für Tod und Vergänglichkeit steht, so steht Beltane für den Beginn des Sommers, für Zeugung, Fruchtbarkeit und Lebensfreude. Die Häuser und Ställe wurden mit Blumen und frischem Grün geschmückt, und das Vieh konnte wieder auf die Weiden getrieben werden. Aus Irland gibt es die Überlieferung, dass zu Beltane das Vieh von den Druiden zwischen zwei Feuern hindurchgetrieben wurde, um es vor Krankheiten zu bewahren.

Es heißt, dass junge Frauen, die sich eine Schwangerschaft wünschten, das Feuer übersprangen; in der Hoffnung, dass es ihre Fruchtbarkeit entfachen würde. Und junge Paare, die auf eine glückliche Gemeinsamkeit und viele Kinder hofften, übersprangen das Feuer gemeinsam Hand in Hand.

Ein alter Brauch, der sich bis in die heutige Zeit gehalten hat, ist das Aufstellen eines Maibaums am 1. Mai. An die Spitze hängte man einen mit Blumen geschmückten Kranz aus frischem Grün und ließ lange, farbige Bänder herunterhängen. Kultisch betrachtet ist der Maibaum ein Riesenphallus, der tief in der Erde sitzen und weit in den Himmel ragen sollte und so auch symbolisch für die heilige Hochzeit stand. Der sogenannte »Bandltanz«, bei dem Männer und Frauen den Maibaum umtanzen und dabei die langen Bänder miteinander ver- und wieder entweben, gibt auch einen Hinweis auf diesen Fruchtbarkeitskult.

Das sechste Fest war die Sommersonnenwende, das »**Litha-Fest**« oder auch »**Alban Heffyn**«, und wurde zwischen dem 20. und 23. Juni gefeiert. Es war Mittsommer, das Fest des längsten Tages und der kürzesten Nacht. Jetzt stand die Sonne am höchsten, bevor sie anfing, sich wieder mehr und mehr zurückzuziehen und der zunehmenden Dunkelheit zu weichen. Ihr zu Ehren wurden zum Litha-Fest Feuer entzündet. Es waren Freudenfeuer, denn die Natur hielt jetzt unzählige Gaben bereit. Viele Früchte und Kräuter konnten bereits geerntet werden, und es hieß, die Kräuter, die am Morgen des längsten Tages geerntet würden, besäßen die besten Heilkräfte. Es ist die Zeit der Fülle und Entfaltung; Reichtum und Schönheit der Natur wurden gefeiert, man genoss die Wärme und Kraft der Sonne. Doch inmitten dieser Erfahrung stand man bereits am Wendepunkt.

Die christliche Kirche hat den Geburtstag von Johannes dem Täufer auf den 24. Juni gelegt, weshalb die Feuer zur Sommersonnenwende oft auch Johannifeuer genannt werden.

Das siebente Fest im keltischen Jahreskreis heißt »**Lammas**« oder »**Lughnasadh**« und wurde zu Ehren des Sonnengottes Lugh in der Nacht vom 1. auf den 2. August gefeiert.

»Lammas« kommt vom altangelsächsischen »hlaef-mass« und bedeutet so viel wie loaf-mass oder Fest des Brotlaibs, da man die ersten Brote, die aus dem neuen Korn gebacken wurden, geopfert hat.

»Lugh« wurde nicht nur als Sonnengott, sondern auch als Gott druidischer Weisheit verehrt, und sein Name bedeutet so viel wie »der Lichtvolle, Leuchtende«. Vielleicht erklärt die Angst der Römer, und später auch der Kirche, vor den Druiden, dass Lughnasadh nicht als kirchlicher Feiertag vereinnahmt wurde.

Der nächstgelegene christliche Feiertag ist Mariä Himmelfahrt am 15. August, der nach alter Tradition mit dem Binden von »Kräuterbusch'n« und anschließender Kräuterweihe in der Kirche begangen wird.

Symbolisch ist Lughnasadh ein Höhepunkt im Jahreslauf. Die Natur zeigt sich in ihren buntesten Farben, strotzend von üppigem Wachstum und Reife. Jetzt war die Zeit, das zu ernten, was man im Frühling gesät hatte. Aber in der Zeit der größten Fülle werden die Tage schon merklich kürzer und das Nahen des Herbstes wird allmählich spürbar.

Das achte Fest war die Herbst-Tagundnachtgleiche oder auch »**Mabon**« oder »**Alban Elved**«. Dieses Fest wurde zwischen dem 20. und 23. September gefeiert. Wie im Frühling sind jetzt Tag und Nacht für kurze Zeit in Balance, bevor die dunkle Zeit beginnt, in der die Tage immer kürzer und die Nächte immer länger werden. Symbolisch geht es bei diesem Fest auch um den Übergang. Darum, die Balance zu finden zwischen Aktivität und Rückzug, zwischen äußerem und innerem Erleben. Wenn die Ernte eingebracht war, kam die Zeit des Rückzugs ins häusliche Leben und in die etwas unheimliche, dunkle und kalte Jahreszeit. Vorher wurde allerdings noch mal gefeiert, denn Mabon war nach Lughnasadh das zweite Erntefest. So wurde noch mal reichlich aufgetischt und fröhlich gespeist, bevor die karge, kalte Zeit des Jahres unausweichlich näher rückte.

Wintersonnenwende und Sonnenkult

Die Wintersonnenwende, die die Rückkehr der Sonne und des Lichts anzeigt, war in vielen Kulturen Anlass für einen Sonnenkult. Im alten Rom feierte man ab dem 25. Dezember zwölf Tage lang »Natalis Solis Invicti«, die Wiedergeburt der unbesiegten Sonne, die wiederkehrt, um die Menschen zu wärmen und die Natur zu erwecken. Saturn, dem Sohn von Vater Himmel und Mutter Erde, Schöpfer von Ackerbau und Landwirtschaft, wurden um diese Zeit Opfer gebracht. Im Verlaufe dieser »Saturnalien« wurden Wachskerzen als Opfergaben an die Sonne abgebrannt. Noch bis ins 18. Jahrhundert soll es Spuren dieser Feste gegeben haben.

Den Wachskerzen der Römer im Sonnenkult entsprechen nördlich der Alpen die lichtergeschmückten Tannen. Auch wurden in manchen Gegenden noch bis vor wenigen Jahrzehnten zur Wintersonnenwende große Feuer abgebrannt, vergleichbar den bis heute gebräuchlichen Sonnwendfeuern.

Während und nach der Christianisierung gab sich die Kirche große Mühe, die alten heidnischen Riten auszurotten. Doch gelang es ihr oft nur, sie mit einem christlichen Mantel zu bedecken. Und so ist der Geburtstag Johannes des Täufers zur Sommersonnenwende genauso wenig ein Zufall wie der von Jesus Christus, der mit der Wintersonnenwende zusammenfällt. Ähnliches gilt auch für andere Feste, wo sich die Vermischung beider Religionen immer wieder erkennen lässt.

Überlieferungen rund um die Rauhnächte

In den Rauhnächten, die in vorchristlicher Zeit den Göttern und Göttinnen geweiht waren, sollten keinerlei schwere Arbeiten verrichtet werden. Es gab Gebote und Verbote für die Nächte. Dazu gehörte auch, keine Wäsche zu waschen und draußen aufzuhängen, da sich umherirrende Geister darin verfangen könnten. Außerdem sollten Versprechen eingelöst, Schulden beglichen und keinerlei unerledigte Angelegenheiten ins neue Jahr mit hinübergenommen werden.

Die Rauhnächte galten als Ruhezeit, als Seelenzeit. Wenn der Brunnen vor dem Haus gefror, das Land mit einer dicken Schneeschicht bedeckt war und in den kalten, finsteren Winternächten die Stürme ums Haus tobten, dann rückte man in den Stuben näher zusammen. Diese rauen, unberechenbaren Mächte flößten den Menschen Angst ein, doch sie hofften auf die Gunst der Götter und des Schicksals. Und natürlich beschäftigte sie die Frage, was die Zukunft wohl bringen würde. Nicht zuletzt deshalb waren in dieser Zeit Magie und Orakel ganz besonders beliebt.

Hausbrunnen

Volksmagie, Orakel, Mythen und Mystik

Was versteht man unter Volksmagie?

In älteren Kulturen war die Magie Aufgabe von Priesterinnen und Priestern, aber gleichzeitig gab es immer auch eine Volksmagie, die unabhängig von der Religion ausgeübt wurde. Magische Zaubersprüche und Gebete ließen sich oft kaum unterscheiden. Die einfachste Schutzformel war die Anrufung der Dreifaltigkeit und das Kreuzzeichen. Am meisten benutzt wurden Schutz-, Bann- oder Heilungssprüche, denn man fürchtete sich vor spukenden Geistern, Dämonen und Krankheiten und hatte deshalb eine Art Rezeptsammlung gegen alltägliche Probleme. Diese Zaubersprüche waren allgemein bekannt, und man unterschied nicht wirklich zwischen Magie und Medizin, da Zaubersprüche und Kräuter meist gleichzeitig verwendet wurden und die genaue Wirkweise nicht erklärbar war. Man wusste, dass etwas wirkt, aber man wusste nicht, warum. So halfen magische Handlungen, auf unerklärliche Weise etwas anzuziehen oder abzuwehren, etwas herbeizuwünschen, zu bannen oder zu verwünschen. Die Absicht spielte dabei eine entscheidende Rolle.

Wir sollten uns allerdings davor hüten, Verwünschungen auszusprechen oder jemals anderen Übles zu wünschen. Da es ein kosmisches Gesetz ist, dass alles, was wir aussenden, früher oder später zu uns zurückkehrt, schaden wir uns damit letztendlich auch immer selbst.

Da man es in früheren Zeiten nicht so genau nahm mit Verwünschungen und Flüchen, waren Glaube und Angst, sich ständig schützen zu müssen, sehr verbreitet.

Was ist ein Orakel?

Am bekanntesten ist wohl das Orakel von Delphi, einst wichtigste Kultstätte im antiken Griechenland. Der Überlieferung zufolge nahm Pythia, die Orakelpriesterin, ein Bad in der heiligen Quelle Kastalia und trank anschließend einige Schlucke Wasser aus der heiligen Quelle Kassiotis, bevor sie in Trance ging und weissagte. Mit diesen rituellen Handlungen stimmte sie sich darauf ein, Botschaften zu empfangen und an die Fragesteller weiterzugeben. Das waren damals vornehmlich Herrscher und Kriegsherren, die wissen wollten, ob die Zeit zum Angriff ihrer Feinde günstig war. Es gibt dazu einige Überlieferungen, aber bereits 391 n.Chr. wurde das Delphische Orakel durch ein Edikt des christlichen Kaisers Theodosius I. aufgehoben.

Ein »Oraculum« ist ein »Götterspruch«, abgeleitet von orare = sprechen, beten. Im Orakel wird eine höhere Instanz befragt, die Antwort konnte aber durchaus verschlüsselt sein und musste oft erst gedeutet werden. Orakelstätten gab es vor allem auch im Alten Ägypten, in China und in Tibet.

Andere Formen von Orakeln sind z. B. Tarot- oder Wahrsagekarten sowie Pflanzen-, Baum- oder Tierorakel. Sie offenbaren sich uns als Symbolsprache und müssen erst gedeutet werden.

Was sind Mythen?

Mythen sind Geschichten, die oft über viele Generationen weitergegeben wurden. Sie entsprechen nicht direkt der Realität und Wahrheit, tragen aber trotzdem einen sehr hohen Wahrheitsgehalt in sich. Vorkommende Personen und Ereignisse haben eine starke symbolische Bedeutung, die sich meist auf die Kultur eines Volkes und seine Lebensart bezieht. Von Außenstehenden wird ein »Mythos« oft als etwas Unwahres, Erdichtetes gesehen; allerdings kann es sich bei einem Mythos auch um etwas Unverstandenes, eine Metapher oder um eine verschleierte Wahrheit handeln.

Als Mythen begegnen uns manchmal alte Geschichten und Überlieferungen, deren hintergründige Bedeutung uns erst beim zweiten Hören oder Lesen bewusst wird. Das trifft auch auf einige der Überlieferungen zur Rauhnachtszeit zu. Man könnte auch die Rauhnächte selbst als einen Mythos bezeichnen.

Was versteht man unter Mystik?

Das Wort stammt aus dem Griechischen und bedeutet »geheimnisvoll«. Sehr oft wird Mystik im Zusammenhang mit religiösen oder spirituellen Erfahrungen erwähnt, denn als »Mystiker/-in«

wurden im Mittelalter Mönche und Nonnen bezeichnet, die von persönlichen Gotteserfahrungen berichteten. Im Bewusstseinszustand der »mystischen Erfahrung« empfingen sie Offenbarungen und wurden dabei einer Wirklichkeit gewahr, die dem normalen Wachzustand verborgen bleibt. Obwohl mystische Erfahrungen meist von Nonnen, Mönchen oder Einsiedlern verschiedenster Religionen und Kulturen berichtet wurden, sind sie weder von einer religiösen Zugehörigkeit abhängig, noch setzen sie eine bewusste Abwendung von der irdischen Welt voraus.

Als »mystisch« werden auch Ereignisse und Wahrnehmungen beschrieben, die etwas Unerklärliches haben, die sich nicht einordnen lassen ins Alltägliche, Altbekannte.

Und keine Zeit des Jahres ist mystischer als die der zwölf heiligen Nächte!

Glücksbringer und Schutzamulette

Einige der alten Bräuche hatten mit den Urängsten zu tun, die wir alle tief im Innersten mit uns tragen. Die Angst vor Hunger, Kälte und Tod war während der Wintermonate besonders bedrohlich. Und wenn in dieser kargen Zeit die Winterstürme draußen tobten, lauschte man gebannt dem wilden Treiben.

Nach germanischem Glauben galoppierte Odin während der Rauhnächte auf seinem achtbeinigen Ross Sleipnir über den Himmel, gefolgt von seinem wilden Heer. Dabei tropfte der Speichel seines Pferdes auf die Erdenmutter Wala, befruchtete sie – und neun Monate später wurde der heilige Fliegenpilz geboren. Wer ihn verspeiste, so dachte man, konnte in die

»Anderswelt« blicken und dort mit den Geistern der Ahnen sprechen. Deshalb gilt der Fliegenpilz auch heute noch als Glückssymbol für die Rauhnachtszeit und wird zur Jahreswende aus Marzipan verschenkt. Auch das Hufeisen als Glücksbringer hat seinen Ursprung in diesem alten Glauben von Odins magischem Ross. Außerdem galt Eisen in allen Kulturen als magisches, dämonenfeindliches Schutzmetall.

Frau Holle und die »wilde Jagd«

Doch nicht nur Odin war zur Rauhnachtszeit unterwegs: Auch Frau Holle, Hella oder Hulda zog mit ihrem unheimlichen Gefolge durch die Nächte. Mit neun Kinderseelen, einer Schar Hexen, Druden und allerlei Naturgeistern wie Elben und Gnomen jagte sie über den Himmel. So hat sich im Volksglauben bis heute die Überlieferung gehalten, nach dem Abendläuten dürfe man nicht mehr vor die Tür gehen, da man des Todes sei, wenn man der »Wilden Jagd« begegnen würde. In Bayern kann man noch heute ältere Leute sagen hören: »Des is ja wia de wuide Jagd«, wenn sich etwas besonders laut und beängstigend anhört.

Zur Rauhnachtszeit herrscht Frau Holle über Tod und Ende des Winters. Als dreigestaltige »Große Göttin«, repräsentiert sie sich in ihrem heiligen Baum, dem Holunder. Die Farben Weiß, Rot und Schwarz (Blüte, unreife und reife Früchte) stehen für die drei Phasen des Weiblichen, für Jungfrau, Mutter und alte Weise. Um sich mit den Naturgeistern zu verbünden oder die umherirrenden Seelen zu besänftigen, brachte man ihnen Opfer dar. Dafür bereitete man vor Einsetzen der Dämmerung einen kleinen Opfertisch hinter dem Haus, z. B. unter dem Hollerbusch.

Opfergaben

Zur Zeit der »Wilden Jagd« gebietet Frau Holle uns, innezuhalten, um uns aus dem äußeren Leben zurückzuziehen. Wir sollen ruhen, Rückschau halten, Altes abschließen und unseren Träumen und Visionen Raum geben. Wir sollen bereit sein, uns für neue Wege und Ziele zu öffnen. Wir sollen Vertrauen in unsere eigene Schöpfungskraft haben – und auch genügend Mut, um neue Wege einzuschlagen.

Wenn wir diese Gebote befolgen, dürfen wir uns ihrer Unterstützung und ihres Schutzes sicher sein – so lautet ihr Versprechen.

Die Göttin Perchta und das Perchtentreiben

Noch eine weitere weibliche Gottheit spielte um die Zeit der Wintersonnenwende eine große Rolle: die Göttin »Perchta« oder »Berchta«. Und »bercht« bedeutete so viel wie hell, glänzend, leuchtend. Der Name der christlichen Heiligen »Lucia« entspricht derselben Bedeutung. Beide wurden früher zur Wintersonnenwende gefeiert und standen mit dem wiederkehrenden Licht in Verbindung. Der Lucia-Tag wurde 1582 auf den 13. Dezember verlegt, aber ein alter Spruch aus Kirchseeon weist noch auf die Wintersonnenwende hin:

Luznacht is de längste Nacht,
da Bauer wieda anders lacht,
denn es wachst, es wachst da Tog,
so wia i's jetz grad sog.

Bis heute kennt man im Alpenraum die »Perchtentreiben«. Da ist Frau Percht dann mit großem Gefolge unterwegs, und wer so einem »Perchtentreiben« bei Fackelschein durch frostige, dunkle Winternächte folgt, taucht ein in eine archaisch-mythische Welt. In früheren Zeiten waren die kirchlichen Herren von derlei heidnischen Bräuchen gar nicht angetan, doch inzwischen sieht man die Perchtenläufe eher als ein schützenswertes Kulturgut. Leider sind sich heute nur noch die wenigsten Menschen der wahren Bedeutung dieses alten Brauches bewusst.

Zum Gefolge der Percht gehören schöne und »schiache« (hässliche) Perchten, doppelgesichtige und rückwärts blickende. Außerdem die »Habergoaß«, halb Bock, halb Geiß, eine sich selbst zeugende heidnische Mythengestalt. Während ihres stampfenden Tanzes vollbrachte sie wahre Bocksprünge. Im Volksglauben hieß es: So hoch wie die Habergoaß springt, so hoch steht im Sommer das Getreide.

Man warf der Habergoaß Geldstücke in ihr großes Maul und stellte außerdem Speisen vors Haus, um so die Gunst der Göttin und ihrer Furcht einflößenden Begleiter zu erlangen.

Dieses wilde Gefolge, mit teilweise sehr alten Holzlarven und zottigen Fellen bekleidet, zeigt sich als »Schönperchten« mit menschlichen Gesichtern, die mit Musik und Glockenspiel den Tanz der Perchta begleiten. Ursprünglich fanden sich in ihrem Kopf- und Halsschmuck Pentagramme zum Schutz vor bösen Geistern und Dämonen, und nicht selten hat man, zumindest in späteren Zeiten, auch ein Fläschchen Weihwasser dabeigehabt.

Perchta als Göttin des Übergangs vom Alten zum Neuen trug als Einzige eine doppelgesichtige Maske, die ihre beiden Seiten zeigt. Bedrohlich und Respekt gebietend auf der einen Seite, lieblich und freundlich, das Gesicht von Sonnenstrahlen eingerahmt, auf der anderen Seite. So symbolisierte sie die dunklen, wilden, ungezähmten Kräfte der Natur gleichermaßen wie die warmen, lichten und Wachstum bringenden.

Perchta war auch die Göttin der Spinnerinnen. Denn so, wie sich das Jahresrad unaufhörlich drehte, kreiste auch das Spinnrad ohne Unterlass. Die Spinnerinnen standen unter dem besonderen Schutz der Perchta, die Göttin war ihnen wohlgesinnt und achtete darauf, dass alles zu seiner Zeit geschah. So verbot sie, an den Tagen zwischen den Jahren zu spinnen, zu waschen und zu putzen. Und wehe der Frau, die sich nicht daran hielt! Die wilde Percht erschien, verwirrte Garn und Faden und riss ihr die Wäsche von der Leine. Für die Zeitspanne von zwölf Tagen gebot sie den Stillstand der Spinnräder. Die Menschen sollten im Einklang mit der Natur innehalten und zur Ruhe kommen, bevor sich der neue Jahreskreislauf wieder zu drehen begann.

Eine Pause am Jahresende

Letztlich haben viele dieser Überlieferungen eine Botschaft gemeinsam: Halte inne, komm zu dir, lass das Alte los und gönn dir eine Zeit der Ruhe, um anschließend dem Neuen mit schöpferischer Kraft entgegenzugehen.

Diese Ruhezeit ist vergleichbar mit der kurzen Pause zwischen zwei Atemzügen: Die Pause gehört dazu, sie ist Teil des Ganzen, Teil des ewigen Werdens und Vergehens. Mit dem Ausatmen wird das Alte losgelassen, doch bevor der neue Atem beginnen kann, ist es wie »die Zeit zwischen den Jahren«.

Rituale für die Zeit der Rauhnächte

Vorbereiten

Sind wir bereit, uns zwölf Tage und Nächte aus der äußeren Welt zurückzuziehen? Zwölf Tage und Nächte möglichst ohne Wecker, Telefon und Handy, ohne Radio und Fernseher zu verbringen, im inneren Dialog mit unseren Gedanken und Gefühlen und draußen in freier Natur, vielleicht in unmittelbarer Begegnung mit uns noch unbekannten Naturgewalten?

Wenn wir bereit sind, einzutauchen in die Magie der zwölf heiligen Nächte, wenn wir uns einlassen möchten auf dieses unbekannte Abenteuer, dann sollten wir uns darauf vorbereiten.

Dazu gehört auch, es so zu machen wie unsere Vorfahren: Alle wichtigen Arbeiten mussten bis zur Wintersonnenwende bzw. bis spätestens 25. Dezember erledigt sein. Alle angefangenen Arbeiten sollten abgeschlossen, alle Unklarheiten bereinigt, alle Rechnungen bezahlt, alles Geliehene zurückgegeben, alle Wäsche sollte gewaschen und genügend Vorräte sollten im Haus sein. So wurde der Kopf frei, man konnte sich zurückziehen und besinnen, Einsichten erlangen oder sich bestimmter Ziele für die Zukunft bewusst werden.

Die Rauhnächte sind eine Zeit, nicht nur äußerlich Dinge abzuschließen und zu Ende zu bringen, sondern sich auch innerlich von Altem zu lösen, um neuen Visionen, Ideen und Plänen Raum zu geben.

Die Rauhnächte bieten uns Gelegenheit, die Schönheit der Langsamkeit wiederzuentdecken und die leise Stimme der Seele wieder wahrzunehmen.

Den richtigen Rahmen schaffen

Um die Zeit der Rauhnächte wirklich nutzen und genießen zu können, brauchen Sie einen Ort der absoluten Ruhe und Ungestörtheit. In der wärmeren Jahreszeit könnte dies auch ein Ort in der Natur sein, aber da draußen jetzt nun einmal Winter herrscht, empfiehlt sich ein Platz innerhalb der Wohnung.

Schaffen Sie sich einen ruhigen, meditativen Platz, an dem Sie sich wohlfühlen und vollkommen entspannen können. Wie Sie diesen Platz gestalten, ist ganz Ihrer eigenen Kreativität überlassen. Wenn Sie bisher keinen solchen Platz haben, probieren Sie einfach aus, wo und wie Sie sich am wohlsten fühlen. Türglocke und Telefon sollten Sie möglichst abschalten.

Als Sitzgelegenheit kann ein bequemer Stuhl dienen, ein Sofa oder einige Kissen auf dem Boden. Und natürlich kann man sich zur meditativen Entspannung auch auf den Rücken legen. Man muss weder den Lotussitz der Yogis einnehmen, noch bestimmte Atemtechniken beherrschen. Es müssen auch keinerlei besondere Regeln eingehalten werden. Wichtig ist eine bequeme Haltung, in der man gut entspannt, möglichst ohne einzuschlafen, längere Zeit verweilen kann. Aber selbst wenn man einschläft, ist das keineswegs schlimm. Unser Unterbewusstsein arbeitet trotzdem weiter, nur können wir uns dann später an nichts erinnern.

Manchmal kann das Einschlafen sogar ein Schutzmechanismus sein, wenn Themen in uns auftauchen, die noch mit alten Ängsten verbunden sind. Wenn wir einschlafen und der kontrollierende Verstand sich ausschaltet, werden unsere negativen

Erinnerungen nicht abgeblockt und unterdrückt, sondern können im Unbewussten geläutert werden. Denn es ist nicht immer notwendig oder gut für uns, alles zu wissen, zu analysieren und zu bewerten.

Die Feuerstelle als Kultplatz im Haus

In alter Zeit war die Feuerstelle der wichtigste Kultplatz im Haus. Später kamen Herrgottswinkel und Hausaltar dazu. In der offenen Feuerstelle brannte das Feuer den ganzen Tag. Eine der Frauen blieb immer im Haus, hütete das Feuer und kochte das Essen. Dabei wurde das Feuer »besprochen«. Es sollte vor allem nie verlöschen und nur hilf- und segensreich wirken. Dazu wurden auch die Elementarwesen des Feuers um Hilfe angerufen, doch leider sind die alten Beschwörungssprüche in Vergessenheit geraten.
Bei drohenden Unwettern wurden getrocknete Johanniskräuter ins Feuer geworfen und Schutzformeln gesprochen, damit Haus und Hof vor Blitzschlag, Feuer und Sturm bewahrt blieben.

Einen Altar gestalten

In unserer Entspannungsecke, unserem Ruhewinkel können wir einen kleinen Altar gestalten, Kerzen anzünden und uns mit all den Dingen umgeben, die uns lieb und teuer sind und die wir für die zwölf heiligen Nächte gesammelt und vorbereitet haben. Das können Meditationskristalle sein, eine Räucherschale mit Kräutern und Harzen, Federfächer, Orakelhölzer, Amulette, Talismane und Schutzsymbole … alles, was einen Bezug zu den Rauhnächten hat und uns persönlich am Herzen liegt. Auch Misteln oder Stechpalmenzweige passen gut dazu, weil sie uns Glück und Schutz vor allem Bösen versprechen.

Der Weihnachtsbaum – was hat es auf sich mit ihm?

Wie alt der Brauch des Weihnachtsbaums wirklich ist, kann nicht genau gesagt werden, aber Naturverehrungen mit verschiedensten Baumkulten sind uns aus vielen alten Kulturen überliefert. Der Tannenbaum als immergrüne Lebensquelle, als Symbol für Fruchtbarkeit und ewigen Kreislauf des Lebens, verhieß zur dunkelsten Zeit des Jahres die Wiederkehr der Sonne, die Wiederkehr von Leben, Wärme und Licht.

Einen Tannenbaum für die »Heilige Nacht« zu schmücken, war ein Akt der Freude und Hingabe, und wenn er schließlich im Kerzenschein erstrahlte, verbreitete sich der feine Duft von Tannennadeln und Bienenwachs im ganzen Haus.

Und nicht zuletzt wurde auf feierliche Weise auch die ganz besondere Zeit der »zwölf heiligen Nächte« im Jahreslauf eröffnet. Diesen Brauch können wir heute wieder aufleben lassen.

Einen Kraftort finden

Zu Zeiten der Naturreligionen befanden sich die Orte der Verehrung, der Zeremonien und Rituale fast ausschließlich draußen in der Natur. Leider ist bei uns vieles davon in Vergessenheit geraten, verloren gegangen oder auch zerstört worden. Dies geschah, während sich das Christentum immer mehr ausbreite-

In den heiligen Nächten sprechen die Tiere im Stall

te, aber vor allem zu Zeiten der Hexenverfolgungen. Doch nach wie vor gibt es besondere Orte, an denen wir spüren können, dass sie uns tief im Inneren berühren und uns Kraft zufließen lassen. Solche »Kraftorte« gibt es überall in der Natur, wir müssen nur wieder lernen, sie wahrzunehmen.

Seien Sie immer vorsichtig, wenn Ihnen jemand sagen möchte, wo Sie einen Kraftort finden, wie dieser wirkt oder gar, was Sie dort erleben werden. Ein Kraftort ist etwas sehr Individuelles, so wie auch jeder Mensch, der diesen Ort aufsucht, ein Individuum ist. Es kann passieren, dass Sie einen vermeintlichen Kraftort aufsuchen, ohne dass eine tiefere Resonanz entsteht und ohne dass irgendetwas Spezielles passiert. Und dann sitzen Sie vielleicht eines Tages unter einem alten Baum, denken an nichts Besonderes und machen ganz plötzlich eine ungewöhnliche und tief greifende Erfahrung. Je weniger Sie erwarten, je weniger Sie durch Aussagen anderer beeinflusst sind, umso eher wird sich das zeigen können, was in diesem Augenblick für Sie von Bedeutung ist. Deshalb ist es immer am besten, seiner eigenen Intuition, seinen eigenen Gefühlen zu folgen. Der Kraftort, den ein anderer preist, muss nicht auch der richtige für mich sein. Es kommt darauf an, wo ich gerade stehe und was ich gerade brauche.

Menschen, die Ruhe und Zentrierung suchen, die sich Inspiration wünschen für eine wichtige Entscheidung, die brauchen einen Ort, der nährend und zentrierend wirkt.

Um Altes loszulassen, kann man gut an einen Platz gehen, wo man einen Sog nach unten in die Erde verspürt. Doch nur für dieses Ritual, denn bei längerem Verweilen würde man sich kraftlos und ausgelaugt fühlen. Es spricht freilich nichts dagegen, an einem solchen Ort negative Emotionen an die Erde abzugeben, sich ganz bewusst von ihnen zu trennen. Die Erde neutralisiert Schwingungen von Trauer und Wut, von Verzweiflung und Kummer und übrig bleibt die reine Energie, die nun wieder für den schöpferischen Prozess zur Verfügung steht. Und für uns selbst kann es wie eine Befreiung sein, wie ein Aufatmen und Heilwerden. Anschließend an eine solche Reinigung ist es ratsam, sich während eines Waldspaziergangs noch vollends zu klären, zu regenerieren und wieder neu aufzuladen.

Probieren Sie verschiedene Plätze aus, z. B. im Wald, auf einem Hügel oder an einer Quelle. Achten Sie auf die Pflanzen, die dort wachsen, denn auch sie können Hinweise geben auf die Qualität des Platzes. Bleiben Sie beim ersten Mal nicht länger als zehn Minuten oder eine Viertelstunde, und meiden Sie Orte, wo Sie sich nach dem Besuch unwohl, müde, ausgelaugt oder aufgewühlt gefühlt haben. Aber kehren Sie immer wieder zu den

Orten zurück, wo Sie sich genährt, inspiriert, geborgen und wohlgefühlt haben.

Der für uns »richtige« Kraftort ist ein Ort, wo wir uns sicher und geborgen fühlen, wo wir Inspiration und innere Führung erfahren und genährt und gestärkt die Einheit mit der gesamten Schöpfung erleben. Denn nur um diese Kraft geht es, um nichts nach außen hin Spektakuläres.

Sammeln und sortieren

Wenn Sie in der Rauhnachtszeit gern kreativ werden möchten, sammeln Sie bereits im Laufe des Jahres verschiedene Kräuter, Hölzer, Steine oder auch Federn in der Natur. Bewahren Sie das Gesammelte sorgfältig auf – die Inspiration wird spätestens während der ruhigen Zeit der Rauhnächte auf Sie zukommen!

Zu empfehlen ist eine Art persönliches Tagebuch, in das man auch das Jahr über schon eintragen kann, was man aus seinen gesammelten Schätzen gestalten möchte, wie z. B. Amulette, Talismane, Orakelsteine, Ritualobjekte, Federfächer oder magischen Schmuck.

Ein Tagebuch anlegen

Selbst wenn nur Stichworte festgehalten werden: Ein Tagebuch hilft, rückblickend zu verstehen, welcher Wandel sich in uns vollzogen hat. Und es hilft auch, Bilder und Erfahrungen aus Meditationen und inneren Reisen festzuhalten, die ansonsten oft so flüchtig sind wie Träume. Kurz nach dem Aufwachen sind sie noch präsent, aber schon kurz darauf scheinen sie sich aufzulösen. Und doch wird es uns nicht gelingen, alles festzuhalten. Denn Zeiten des Übergangs sind wie Nahtstellen, Grenzen zwischen verschiedenen Reichen, wo die Gesetze des einen nicht mehr gelten und die des anderen noch nicht greifen. Aber wir müssen uns nicht sorgen, alles ist gut, so wie es ist.

Rituale planen

Rituale bieten die besondere Chance, sich in Zeiten des Wandels, die oft begleitet sind von Chaos und Orientierungslosigkeit, bewusst neu auszurichten.

Selbst ein Ritual zu kreieren, ist eine wunderbare Möglichkeit, seiner Fantasie erst einmal freien Lauf zu lassen. Letztendlich braucht ein Ritual eine gewisse Struktur, aber zunächst kann ich mir die Frage stellen, welchem Zweck mein Ritual dienen soll. So ist vor allem wichtig, welches Ziel und welche Absicht ich mit meinem Ritual verfolge, und bereits die Gedanken zu dieser Frage können sehr viel in Bewegung bringen. In einem Ritual muss immer ein klarer Fokus vorhanden sein. Da sollte es kein »Vielleicht« oder »Ich bin mir nicht sicher« oder »Ich schau mal, was passiert« geben; dann kann man es gleich bleiben lassen. Wir alle sind Schöpfer unserer Realität, und solange wir uns nicht im Klaren sind, was wir überhaupt kreieren möchten und wohin die Reise gehen soll, werden wir uns im Kreis drehen.

Wenn man ein Essen kochen möchte, wirft man auch nicht einfach alles in einen Topf, stellt den Herd an und wartet, was passiert … und beruft sich darauf, dass »sowieso alles so kommt, wie es kommen muss«.

Wenn man mit dem Zug fahren möchte, muss man wissen, wohin die Reise geht, und sich eine Fahrkarte kaufen.

Auch hört man sehr oft den Spruch unschlüssiger Menschen, die es verpasst haben, zur rechten Zeit eine Entscheidung zu treffen »Dann sollte es wohl nicht sein«. Doch so eine Denkweise ist fatal, weil man damit keine Verantwortung für sich übernimmt, sondern sie auf irgendwelche Schicksalsmächte abschiebt. Natürlich kann es passieren, dass wir von unserer höheren Führung von einer bestimmten Sache abgehalten und zu einem von uns ungeplanten Ereignis hingeführt werden, aber das ist eher die Ausnahme. Natürlich werden wir alle irgendwann an unser Ziel kommen, und eigentlich ist es auch egal, wie viele Leben wir dazu brauchen, aber sicher ist, dass wir nicht so viele Umwege und Warteschleifen nehmen müssten, wenn wir ein bisschen bewusster leben würden und etwas mehr Verantwortung für uns und unser Leben übernehmen würden.

Rituale können sehr kraftvoll sein, denn sie sind gebündelte, fokussierte Energie, die aufgeladen ist mit der Absicht und dem Ziel unserer Wahl.

Es gibt viele Gründe, Rituale durchzuführen. So können Sie sich auch während der Rauhnächte für jeden Tag ein eigenes Ritual schaffen. Für jede der zwölf heiligen Nächte können Sie sich ein bestimmtes Thema vornehmen: bestimmte Meditationen, Visualisierungen, Orakeltechniken, Räucherungen. Der Kalender im dritten Teil dieses Buches macht Ihnen dazu eine Vielzahl von Vorschlägen. Es soll in dieser Zeit ein ganz besonderer Erfahrungsraum entstehen, der helfen soll, jenseits der Oberflächlichkeit der Alltagswelt mit unserem Innersten in Dialog zu treten.

Rückschau halten – Bilanz ziehen – das Alte verabschieden

Wie schon an anderer Stelle erwähnt, sollte zu Beginn der Rauhnächte das zu Ende gehende Jahr rückblickend abgeschlossen werden. So gilt es, erst einmal alle häuslichen und persönlichen Pflichten zu erledigen. Dazu gehört das Wäschewaschen, der Hausputz, das Bereitstellen von Vorräten, Bezahlen von Schulden, Zurückgeben von Geliehenem und das Einlösen von Versprechen. Unsere Vorfahren legten auch großen Wert darauf, keinerlei Streitereien vom alten ins neue Jahr mit hinüberzunehmen.

Bilanz ziehen

Zur Rückschau gehört auch, die Ereignisse und Erfahrungen des vergangenen Jahres noch einmal innerlich an sich vorbeiziehen zu lassen. Zu betrachten, was wirklich gut war, was wichtige

Erfahrungen gebracht hat, aber auch, was man in Zukunft anders machen würde. Es ist dabei wichtig, auch traurige Erfahrungen und schwierige Umstände anzunehmen und zu akzeptieren, dass sie ein Teil des eigenen Lebens sind, selbst wenn noch nicht erkennbar ist, warum sie so geschehen mussten. Wenn wir darauf vertrauen, dass innerhalb der göttlichen Schöpfung alles einem Plan folgt und nichts zufällig geschieht, dann mag das zwar schwer zu verstehen und zu akzeptieren sein, aber sehr oft im Leben verstehen wir erst sehr viel später, was wir aus vermeintlichen Schicksalsschlägen gelernt haben. Auf welche Weise wir dadurch gereift sind und inwieweit wir dadurch mehr Verständnis und Mitgefühl für andere Menschen entwickelt haben, die in ähnliche Situationen hineingeraten sind.

In jedem Fall sollten wir mit Wertschätzung auf die Erfahrungen des vergangenen Jahres zurückblicken und, wo nötig, Vergebung üben. Alles Gewesene – Trauriges und Schmerzhaftes gleichermaßen wie alles Freudige und Erfüllende – sollten wir als unseren ganz persönlichen, individuellen Erfahrungsschatz willkommen heißen.

Wo stehe ich jetzt?

Wenn die Rückschau in Frieden abgeschlossen ist, stellt sich wie von selbst die Frage: Und wo stehe ich jetzt?

Unsere augenblickliche Gegenwart haben wir erschaffen aus der Summe unserer vorangegangenen Erfahrungen. Wie wir uns und unser Leben wahrnehmen, hängt davon ab, wie unsere Erfahrungen uns geprägt haben, unsere Gedanken, unsere Gefühle und unseren Glauben über uns selbst und unser Leben.

Und genau hier liegt unsere Chance zur Veränderung: In der Erkenntnis, dass nichts so bleiben muss, wie es war, dass alles wandelbar ist und dass wir unsere Zukunft neu erschaffen und neu gestalten können, wenn wir an uns selbst glauben und unser Schicksal mutig in die Hand nehmen.

Um die Qualität des gegenwärtigen Augenblicks klarer zu sehen und bewusster wahrzunehmen, können wir meditieren und uns in die Frage vertiefen: Wo stehe ich jetzt, was ist jetzt für mich wichtig zu erkennen?

Wir können um ein Zeichen bitten, müssen dann aber achtsam sein, es nicht zu übersehen. Denn es kann durch einen anderen Menschen zu uns kommen, durch etwas, was wir in der Zeitung oder in einem Buch lesen, aber es könnten auch Worte sein, die wir irgendwo im Vorübergehen auf der Straße aufschnappen.

Eine weitere Möglichkeit wäre, eine Symbolkarte zu ziehen, sie zu verinnerlichen und sich zu fragen: Welche Resonanz wird durch die Aussage und Bedeutung dieses Bildes in mir ausgelöst? Was zeigt mir diese Karte in Bezug auf mich, mein Leben, jetzt in diesem Augenblick?

Ein Ritual für Abschluss, Übergang und Neubeginn

Ein Ritual, das Sie immer dann durchführen können, wenn etwas Altes abgeschlossen und etwas Neues begrüßt werden soll, möchte ich Ihnen im Folgenden ans Herz legen. Je nach Thematik der entsprechenden Lebenssituation können Sie das Ritual immer wieder leicht abwandeln und anpassen. Und natürlich möchte ich Sie auch ermutigen, sich Ihre eigenen

Rituale zu kreieren, denn wenn alle einzelnen Schritte und die gewählten Worte selbst erarbeitet wurden, enthalten sie eine wesentlich intensivere Kraft, als wenn sie nur aus einem Buch übernommen werden.

* Ziehen Sie sich für Ihr Ritual immer an Ihren meditativen, ungestörten Ort zurück. Machen Sie sich zunächst Gedanken, welche Zeitspanne, welche Phase Ihres Lebens oder welches Ereignis Sie gerne rituell beenden möchten. Dabei sollten Sie bereit sein, das Vergangene nochmals vor Ihrem inneren Auge erstehen zu lassen.
* Blicken Sie, aus der jetzigen Distanz heraus, möglichst neutral auf die Vergangenheit zurück. Versuchen Sie zu verstehen und zu akzeptieren, dass zuweilen auch traurige oder schmerzhafte Erfahrungen zu unserem Leben gehören und dass auch sie wertvolle Lektionen enthalten können.
* Schauen Sie auch auf die guten Erfahrungen zurück, auf die, die Ihnen Freude und Erfolg beschert haben, erinnern Sie sich an alle glücklichen und frohen Stunden.
* Es ist wichtig, das Vergangene zu würdigen, das Schwierige, Schmerzhafte, vielleicht auch Unbegreifliche, gleichermaßen wie das Schöne, Freudvolle und Erfüllende. Denn nur dann können Sie frei und unbelastet den nächsten Schritt in die Zukunft gehen.
* Erlauben Sie sich so viel Zeit, wie Sie für diese Schritte benötigen.
* Sie können alles, was »das Alte« symbolisiert, auf ein Blatt Papier schreiben, aber Sie können dafür auch symbolisch einen Gegenstand oder Fotos verwenden.

- Platzieren Sie »das Alte« zu Ihrer Linken und zünden Sie dort eine Kerze an.
- Fragen Sie sich jetzt, was Sie gerne für die Zukunft in Ihr Leben einladen möchten. Denken Sie an Schönes und Positives wie Lebensfreude, Liebesglück, Leichtigkeit, Zeit für sich selbst, neue Freundschaften … schreiben Sie ein paar Worte auf, keinen endlosen Wunschzettel, nur ein paar spontane Ideen, die aus Ihrem Herzen kommen.
- Verwenden Sie ein Symbol für Schöpfungskraft, z. B. eine Blume oder einen Kristall.
- Platzieren Sie »das Zukünftige« zu Ihrer Rechten und zünden Sie auch dort eine Kerze an.
- Sie stehen mit Ihrer Räucherschale (genauere Hinweise zu Räucherritualen finden Sie im nächsten Kapitel) in der Mitte und nehmen jetzt den Platz zwischen Vergangenheit und Zukunft ein. Räuchern Sie sich zuerst selbst mit der Feder ab, wenden sich dann der Vergangenheit zu und räuchern nun dort die Objekte ab. Denken Sie noch einmal an das Gute, aber auch an das weniger Gute und was es Sie gelehrt hat. Formulieren Sie jetzt Ihre Gedanken und Gefühle mit Ihren eigenen Worten. Danken Sie für das, was Sie in dieser Zeit oder durch diese Erfahrung lernen durften. Drücken Sie aus, was Sie jetzt hinter sich lassen, verabschieden Sie sich und blasen Sie zuletzt die Kerze aus.
- Halten Sie nun kurz inne und machen Sie sich bewusst, dass Sie an der Schwelle stehen. Das Alte ist abgeschlossen, aber das Neue ist noch unsichtbar, liegt noch in der Zukunft. Es ist die Zeit dazwischen, wie in den Rauhnächten, wenn das alte

Jahr vergangen und das neue noch nicht da ist. Es ist die Zeit schöpferischer Stille, in der das neue Leben darauf wartet, geboren zu werden …

* Räuchern Sie sich noch einmal selbst ab, wenden sich nun der »Zukunft« zu und räuchern Sie das ab, was dort die Zukunft repräsentiert. Tauchen Sie jetzt ein in ein Gefühl der Vorfreude und des Glücks, so, als wenn Ihre Wünsche sich schon erfüllt hätten. Freuen Sie sich auf das Zukünftige, selbst wenn es wieder ein paar Lektionen für Sie bereithält. Genießen Sie Ihr Leben, seien Sie überzeugt, dass letztlich alles gut wird, und danken Sie für all die guten Dinge, die Sie in Ihrem Leben schon erfahren haben. Heißen Sie zum Abschluss die Zukunft willkommen und blasen Sie zuletzt die Kerze aus.

Reinigen und Räuchern

Einer der wichtigsten Rauhnachtsbräuche, der noch weitgehend bekannt ist und in ländlichen Gegenden auch heute noch praktiziert wird, ist das Ausräuchern von Haus und Stall. Dabei kamen dem Räuchern immer zwei Bedeutungen zu: Zum einen wollte man mit diesen Opfergaben Götter und Geister milde und gewogen stimmen, zum anderen sollte das Ausräuchern vor dunklen Mächten und ansteckenden Krankheiten schützen.

Der Brauch des Räucherns und Bindens von »Kräuterbusch'n« wurde in die christlichen Traditionen aufgenommen, so werden die heil- und segenbringenden Kräuter auch noch heute an Maria Himmelfahrt, am 15. August, geweiht.

Am Abend des 24. Dezember streute man den Tieren im Stall geweihte Kräuter aufs Heu, um sie auch am Segen der Heiligen Nacht teilhaben zu lassen. Was dann noch vom Kräuterbusch'n übrig war, wurde entweder in der Glut der offenen Feuerstelle verräuchert oder man trug eine Eisenpfanne durchs Haus, die man vorsichtig schwenkte, damit der Rauch sich gut verteilte, ohne dass Glut auf den Boden fiel.

Durch das Verräuchern der Kräuter werden die lichten Kräfte der Sommersonne frei, außerdem die duftenden ätherischen Öle mit ihren oftmals desinfizierenden Eigenschaften.

Über den heiligen Brauch des Räucherns

Wir wissen, dass es bei allen alten Völkern weise Männer und Frauen gab, die die Verantwortung trugen für das Wohl ihrer Gemeinschaft. In vielen Kulturen waren dies die Schamanen und Schamaninnen, in anderen Priester und Priesterinnen, bei den Kelten waren es Druiden und Seherinnen, und auch bei den Germanen gab es heilkundige Männer und Frauen.

Als die keltischen Druiden im 1. Jahrhundert n. Chr. unter dem römischen Kaiser Tiberius grausam verfolgt und vernichtet wurden, übernahmen die keltischen Seherinnen deren Aufgaben, sodass die Tradition der geistigen Führung weiterlebte. Es gehörte zur Fähigkeit und Aufgabe von Druiden und Seherinnen, mit dem Geist von Pflanzen, mit den Pflanzenseelen, zu kommunizieren, um auf diese Weise ihre heilsamen und geheimnisvollen Kräfte und Wirkungsweisen zu erfahren. So wurden die Seherinnen mit den geheimen Qualitäten der Pflanzen vertraut, die sich erst im Rauch wahrhaft enthüllen würden.

Später vermischte sich das alte keltische Pflanzenwissen mit dem germanischen und wurde von Generation zu Generation weitergegeben – bis zu den heilkundigen Frauen des frühen Mittelalters. Sie waren sehr oft als Hebammen tätig, kannten sich auch hervorragend mit Räucherungen aus und nutzten sie u.a. zur Desinfektion, um Wehen anzuregen und Schmerzen zu betäuben.

Leider sind kaum schriftliche Zeugnisse aus dieser Zeit erhalten, da die Hexenverfolgungen dieses wertvolle Wissen zerstört haben. Fest steht aber, dass unsere keltischen und germanischen Vorfahren das Pflanzenreich als eine beseelte Quelle mystischer Weisheit verehrt haben. Auch in den alten Stein- und Erdheiligtümern wurde bereits geräuchert, denn der heilige Pflanzenrauch galt von jeher als Botschaft an die Götter und begleitete die alten Rituale.

Indem wir mit unseren heimischen Pflanzen räuchern, verbinden wir uns aufs Neue mit der Tradition uralter europäischer Weisheit.

Wie wird geräuchert?

Wenn pflanzliche Substanzen wie Hölzer, Harze, Wurzeln, Kräuter oder Blüten verglühen, verbrennt ihr materieller Körper zu Asche. Der Wandel im Feuer ist faszinierend, die Trennung des Stofflichen vom Feinstofflichen und die Erkenntnis, dass es das Verborgene, Unsichtbare ist, welches in Wahrheit Kraft und Wirkung hervorbringt und ausmacht. Die pflanzlichen Botschaften gehen im Rauch auf und ziehen als duftende Schwaden durchs Haus. Beim Räuchern offenbart sich uns die Seele der Pflanze. Während wir ihren Rauch einatmen, erfüllt und umhüllt sie uns gleichermaßen mit ihrem Duft und schenkt uns ihre Wirkkraft und Weisheit.

Neben dem Duft der Pflanze stimuliert der archaische Geruch verglühender Kohlen, glimmender Hölzer und Harze unsere Sinne und erinnert uns an den Räucherkult unserer Ahnen.

Eine magische Stimmung liegt in der Luft, wenn die Atmosphäre sich wandelt und eine angenehm aromatische Wärme zurückbleibt.

Zuerst wählen wir aus unseren übers Jahr gesammelten Kräutern und Harzen die Zutaten für unsere Räuchermischung aus. Manches lässt sich zwischen den Fingern zerbröseln, aber am besten zerkleinern und zerreiben wir unsere Mischung in einem Mörser. Wir brauchen ein feuerfestes Gefäß, um unsere Räuchermischung zu verglühen, und haben dazu verschiedene Möglichkeiten:

* Wir benutzen ein Räucherstövchen. Das sieht so ähnlich aus wie eine Duftlampe, hat aber als Aufsatz anstelle des Schälchens ein Metallsieb. Für so ein Stövchen braucht man keine Räucherkohle, sondern stellt lediglich ein Teelicht unter das Sieb. So ein Stövchen ist am besten geeignet, wenn man nur Kräuter verräuchern möchte, da Harze das Sieb verkleben und sich nur schwer entfernen lassen. Als kleinen Trick kann man das Harz aber in ein Schälchen aus Alufolie geben.
* Zweckmäßiger sind meistens feuerfeste Räucherschalen, -kelche oder -pfännchen aus Ton oder Metall. Man füllt etwas Sand hinein und legt dann die Räucherkohle auf, die man zuvor seitlich über einer Kerzenflamme entzündet hat. Das geschieht am besten mit einer speziellen Pinzette, da der Funke sofort durch die Kohle wandert. Erst wenn sie außen grau und gleichmäßig durchgeglüht ist, streut man die erste Prise der Räuchermischung auf.

Beim Umhergehen wird der Rauch mit einem Federfächer bis in jeden Winkel verteilt. Für unsere Urahnen war das Ausräuchern von Haus und Stall eine andachtsvolle Handlung, und auch wir sollten sie auf andächtige, rituelle Weise gestalten.

Die verkohlten Überreste werden jeweils nach einigen Minuten von der Kohle abgestreift und durch eine neue Prise Räucherwerk ersetzt. Da die Kohle am Ende noch bis zu zwei Stunden nachglühen kann, sollte sie unbedingt mit der Pinzette aus der Schale genommen und in Wasser abgelöscht werden.

Lassen Sie den Rauch für eine Weile wirken und lüften Sie anschließend gut durch.

Herstellen eines Federfächers

Bevor Sie mit dem Räuchern beginnen, brauchen Sie einen Federfächer, um den Rauch gut verteilen zu können. Am besten eignen sich etwas größere Federn, wie man sie mit etwas Glück von Raubvögeln oder Krähen findet. Man kann die Feder so verwenden, wie sie ist, aber unser Räuchergerät zu schmücken, unterstreicht auch optisch das Besondere unserer rituellen Handlung.

Was würde sich besser für den Griff eignen als ein Stück Holunderholz? Es ist leicht auszuhöhlen, da das Mark weich ist, und so kann man das Federende, das man mit Kleber eingestrichen und mit Hanfschnur oder einem dünnen Lederband umwickelt hat, im Holz einklemmen. Wenn der Klebstoff getrocknet ist, kann man auf die am Ende heraushängenden Schnüre oder Bänder Edelstein- oder Glasperlen aufziehen, die man durch Knoten fixiert. Vielleicht haben Sie noch ein paar alte Ketten, deren Perlen Sie noch wunderbar in Federfächern verarbeiten könnten?

Eine Hausräucherung durchführen

Wenn Sie eine Wohnung oder ein ganzes Gebäude ausräuchern möchten, sollten vor dem Räuchern alle Räume aufgeräumt und geputzt werden. Vielleicht möchten Sie auch das eine oder andere aussortieren und weggeben. Ein paar Fenster sollten leicht geöffnet oder gekippt sein, damit das, was entweichen möchte, auch den Weg nach draußen findet.

Am besten ist es, in der Küche eine tragbare Räucherschale und alle sonstigen Räucherutensilien vorzubereiten. Beginnen Sie mit dem Ausräuchern in den untersten Räumen, also im Keller, und gehen Sie jeden Raum (wenn Sie es gründlich machen möchten: vier Mal) im Uhrzeigersinn ab. Gehen Sie langsam und bedächtig und halten Sie den inneren Wunsch und die Absicht aufrecht, sämtliche verdichteten Energien zu transformieren und zu klären. Fächern Sie besonders alle Ecken und Winkel mit dem Rauch aus. Lassen Sie sich von Ihrem Gefühl leiten, wo Sie stehen bleiben und mehr fächeln als an anderen Stellen. Wenn Sie alle Räume durchwandert haben, können Sie zum Abschluss noch das ganze Haus von außen im Uhrzeigersinn umrunden.

Je nach Anzahl der Räume müssen Sie möglicherweise die Räucherkohle mehrfach ersetzen.

Anschließend an eine so umfangreiche energetische Reinigung lässt man den Rauch noch eine Weile nachwirken und lüftet am Ende alle Räume gut durch.

Der Zunderpilz

Der Zunderpilz, *Polyporus fomentarius,* ist ein Pilz aus der Familie der Porlinge, der auf Totholz wächst, also auf abgestorbenen Baumstämmen oder Baumstümpfen. Dieser Pilz wurde früher gesammelt, in Scheiben geschnitten, getrocknet und zum Feuermachen verwendet. Der Ausdruck, etwas »brennt wie Zunder« ist auch heute noch bekannt. Das Besondere an diesem Pilz ist, dass er sehr lange glüht, ohne zu verlöschen und ohne Funken zu versprühen. Deshalb war er auch wunderbar geeignet, Feuer über größere Entfernungen zu transportieren.

Beim Räuchern erfüllte er die Aufgabe, die heutzutage die Räucherkohle übernommen hat. Früher gab man etwas Glut in eine Eisenpfanne, legte eine Scheibe vom Zunderpilz auf, verteilte das Räucherwerk darauf, vor allem

Zunderpilz

Wacholder, Beifuß und Fichtenharz, und ließ es allmählich verglimmen und verglühen, damit die Öle sich sanft im Rauch lösten und nicht in der Hitze der Glut verbrannten und verkohlten.

Die wichtigsten Räucherpflanzen

Hier werden Ihnen einige heimische Kräuter vorgestellt, die Sie relativ leicht finden und sammeln können. Bitte beachten Sie dazu die Ratschläge am Ende der Liste.

Misteln (*Viscum album*)
Misteln stehen unter Naturschutz, haben aber in den letzten Jahrzehnten sehr stark zugenommen. Häufig sieht man sie auf alten Apfelbäumen, man kann sie aber auch auf Bäumen finden, die gefällt oder im Sturm entwurzelt wurden. Fragen Sie den Eigentümer, er wird Ihnen bestimmt ein paar Mistelzweige überlassen.

Als Schmarotzer entzieht die Mistel dem Baum Lebenskraft und macht ihm früher oder später den Garaus. Aber als Heilpflanze ist die Mistel hochgeachtet und, besonders in der Krebstherapie, seit Langem bewährt. Den Druiden war sie heilig. Misteln, die auf einer Eiche wuchsen, durften weder mit den Händen, noch mit Eisen oder Erde in Berührung kommen. Der Druide kletterte auf die Eiche, schnitt die Mistel mit einer kleinen goldenen Sichel ab und ließ sie in ein Leintuch fallen, das seine Helfer ausgebreitet unter den Baum hielten. Heutzutage ist die Mistel meist nur noch ein Dekoartikel zur Weihnachtszeit,

dabei galt sie von alters her als mächtige Heilpflanze, denn als Schmarotzer trägt sie nicht nur die eigenen Heilkräfte in sich, sondern zugleich die Kräfte und Qualitäten des Baumes, von dem sie sich nährt. Außerdem galt sie als Inbegriff von Fruchtbarkeit, da sie im Gegensatz zu anderen Pflanzen mitten im Winter Früchte trägt und deshalb von einem viel mächtigeren Fruchtbarkeitsgeist beseelt ist als andere Pflanzen. Über Türen und Fenstern aufgehängt, sollten sie auch vor dem Eindringen böser Geister und Dämonen bewahren.

Zum Räuchern wird nur das Kraut verwendet. Der würzigsüßliche Rauch fördert das Traumerleben und bewirkt die Umwandlung selbst stark verdichteter Energiefelder.

Salbei (*Salvia officinalis*)

Der echte Salbei stammt ursprünglich aus dem Mittelmeerraum, kam zuerst in die Klostergärten und ist inzwischen seit vielen Jahrhunderten eine traditionelle Pflanze in heimischen Gärten. Salbei wirkt desinfizierend, löst negative Energiefelder auf und ist deshalb zum Ausräuchern von Räumen, ganz speziell von Kranken- und Sterbezimmern, bestens geeignet.

Wilder Thymian (*Thymus vulgaris*)

Auch Thymian wirkt desinfizierend und wird beim Räuchern zusätzlich als stärkend und aufbauend empfunden. Die zerriebenen Blättchen verfeinern den Duft harziger Mischungen mit ihrer lieblichwürzigen Note.

Beifuß (*Artemisia vulgaris*, Korbblütler!)

Bereits seit alten Zeiten wurde Beifuß als wichtige kultische und magische Pflanze angesehen. Es wurden ihm stark reinigende Kräfte nachgesagt, außerdem galt er als traditionelles Räucherkraut zum Schutz für das eigene Energiefeld, aber auch für Haus und Stall. Das getrocknete Kraut eignet sich sehr gut für Mischungen, z. B. mit Salbei, Fichtenharz und Wacholder.

Alantwurzel (*Inula helenium*, Korbblütler!)

Es wird angenommen, dass die Kelten den Alant mitbrachten. Zum Räuchern hat man die Wurzel verwendet, die im Volksmund auch Sonnenwurz, Weihrauchswurz oder Odinskopf genannt wurde und auch für den heilkräftigen Alantwein genutzt wurde, der als Allheilmittel galt. Die getrocknete Wurzel verströmt einen feinen, weihrauchartigen Duft und wird noch heute, speziell in der dunklen Jahreszeit, für Räucherungen verwendet. Sie gibt die Kraft der Sommersonne frei, wirkt stimmungsaufhellend und stimuliert die inneren Abwehrkräfte. Außerdem werden der Alantwurzel besondere Zauberkräfte gegen Dämonen nachgesagt. Sie ist nicht überall wild zu finden, aber auch im Kräuterhandel oder in der Apotheke erhältlich. Sie sollte mit einem Messer oder Wiegemesser sehr fein zerkleinert der Räuchermischung beigefügt werden.

Engelwurz

Wacholder (*Juniperus communis*)

Der Wacholder gilt noch heute in vielen Kulturen als heiliger Strauch bzw. Baum von besonderer kultischer und medizinischer Bedeutung. Für rituelle und medizinische Räucherungen können Holz, Harz, Nadeln, Zweigspitzen und getrocknete Beeren verwendet werden. Sie wirken reinigend und desinfizierend, klärend, vitalisierend und zentrierend. Sie wurden viel an Krankenlagern eingesetzt und zu Zeiten der Pest wurden an vielen Orten große Wacholderfeuer entzündet. Im antiken Griechenland gehörte der Wacholder auch zum Rauch des heiligen Orakels. Er eignet sich u.a. sehr gut zur Mischung mit Salbeiblättern und Fichtenharz.

Johanniskraut (*Hypericum perforatum*)

Als eine der wichtigsten Heil- und Räucherpflanzen klärt sie die Atmosphäre, neutralisiert negative Stimmungen und bringt Licht und Leichtigkeit ins Haus. Die Blüten ergänzen sich gut mit den Blüten der Königskerze, mit Salbeiblättern und etwas Lärchenharz.

Wacholder, Johanniskraut, Königskerze, Schafgarbe

Königskerze (*Verbascum densiflorum* oder *nigrum*)
Die Königskerze, auch Wetterkerze genannt, war für unsere Vorfahren zusammen mit Johanniskraut die wichtigste Schutzpflanze gegen Unwetter. Sobald ein Gewitter aufzog, warf man eine Handvoll Blüten ins Feuer und sprach eine entsprechende Schutzformel oder ein Gebet. Ihre goldgelben Blüten symbolisieren das Sonnenlicht und sorgen beim Räuchern für eine helle und klare Atmosphäre. Die getrockneten Blüten können gut mit anderen Kräutern oder Harzen gemischt werden.

Schafgarbe (*Achillea millefolium*)
Der zart-würzige Duft der Schafgarbe macht uns empfänglich für intuitive Wahrnehmungen und ist deshalb hervorragend geeignet für Räucherungen, mit denen wir orakeln und in die Zukunft schauen möchten. Verwendet werden meist die Blüten und Blättchen. Die Schafgarbe kommt mit weißen und rosafarbenen Blüten vor; beide eignen sich gleichermaßen zum Räuchern.

Räucherpflanzen selbst sammeln

Beim Sammeln von Kräutern und Pflanzen fürs Räuchern beachten Sie bitte unbedingt einige wichtige Regeln:

- Sammeln Sie nur Pflanzen, die Sie einwandfrei identifiziert haben, und entnehmen Sie grundsätzlich nur kleine Mengen, damit die Pflanzen sich gut regenerieren und wieder nachwachsen können.
- Wenn Sie noch unsicher im Bestimmen sind, kaufen Sie sich ein gutes Bestimmungsbuch, aus dem auch hervor-

geht, zu welcher Jahreszeit Blüten, Blätter oder Wurzeln am besten gesammelt werden sollten.

* Sammeln Sie niemals in Naturschutzgebieten und nur an sauberen Plätzen ohne Insektizide oder chemischen Dünger. Empfehlenswert wäre natürlich, an der ein oder anderen Wildkräuterführung teilzunehmen, bis sich der eigene Blick geschärft hat.
* Experimentieren Sie nicht mit unbekannten Pflanzen! Die hier genannten Pflanzen sind für Räucherungen generell unbedenklich, trotzdem kann es im Einzelfall zu Unverträglichkeitsreaktionen kommen, z. B. bei Korbblütlern wie Beifuß und Alant.
* Falls Sie keine Möglichkeit haben, in freier Natur zu sammeln, können Sie Pflanzen und das nötige Zubehör auch bei Firmen für Räucherbedarf erhalten. Achten Sie unbedingt darauf, nur naturreine Produkte zu beziehen, denn Farbstoffe und synthetische Parfümierungen können zu Kopfschmerzen und Übelkeit führen und sollten nicht zuletzt auch wegen ihrer gesundheitlichen Risiken unbedingt gemieden werden.

Heimische Harze zum Räuchern

Unsere Vorfahren wussten, dass die Harze unserer heimischen Bäume desinfizierende und wundheilende Eigenschaften haben und dass das Holz von Nadelbäumen harzreicher ist als das von Laubbäumen. Verschiedene Naturvölker nutzen noch heute harzhaltige Wundsalben, und auch bei uns war das lange in der

Volksheilkunde üblich, speziell bei Furunkeln, Ekzemen und offenen Beinen.

Die Harze zum Räuchern sollten am besten im Hochsommer gesammelt werden, wenn sie möglichst schon etwas eingetrocknet sind. Man kann die Harztropfen vorsichtig mit einem Taschenmesser vom Stamm lösen und sollte immer ein paar kleine Salbendöschen dabeihaben, die man am besten auch gleich beschriftet, um spätere Verwechslungen zu vermeiden.

Harze brauchen sehr lange, bis sie trocken genug sind, um sie möglichst fein zu zerreiben.

Lärchenharz (*Larix decidua*)

Die Lärche ist unser einziger heimischer Nadelbaum, der im Herbst seine Nadeln verliert. Sie steht symbolisch für Erneuerung und Neuanfänge und passt deshalb auch gut für Räucherungen zur Begrüßung des neuen Jahres. Lärchen sind meist in höheren Regionen anzutreffen und werden von vielen alten Geschichten umrankt. Die »Saligen«, die »weisen Fräulein« sollen in ihnen leben, und auch von vielen Elfen und guten Feen

Lärche, Fichtenharz

sollen die Lärchen umgeben sein. Was dem Bauernhof im Tal der Holunderstrauch, ist dem Hof am Berg der alte Lärchenbaum. Es hieß, sein guter Geist hüte Haus und Hof. Und wenn es doch einmal ein Unglück gab, räucherte man mit Lärchenharz. Es schafft eine angenehme Atmosphäre von Zufriedenheit und Wohlgefühl, wirkt entspannend und wärmend und öffnet die intuitive Wahrnehmung.

Tannenharz (*Abies alba*)

Die Tanne war für unsere keltischen und germanischen Vorfahren ein mächtiger Schutzbaum, dessen Harz vor Krankheits- und anderen Dämonen schützen sollte. Auch Tannenharz muss vor dem Zermörsern sehr gut getrocknet werden. Wie andere Harze tritt es an Verletzungen von Stämmen, Ästen oder Wurzeln aus, denn der Baum versucht auf diese Weise, Wunden zu verschließen, um sich vor Schädlings- oder Pilzbefall zu schützen.

Fichtenharz (*Picea abies*)

Wegen der desinfizierenden Wirkung von Fichtenharz fehlte es früher in kaum einer Räuchermischung und wurde speziell zum Ausräuchern von Haus und Stall verwendet, aber auch zu Heilräucherungen bei Verschleimung und Hautausschlägen sowie zur Herstellung von Heilsalben.

Kiefernharz (*Pinus sylvestris*)

Auch das sehr angenehm duftende Kiefernharz ist hervorragend für Räucherungen geeignet. Da die Rinde sehr harzreich ist, können auch kleine Rindenstücke getrocknet und zerrieben werden. Der Rauch wirkt desinfizierend, belebend und durchblutungsfördernd, und da die lichtspendenden Kienspäne meist aus Kiefernholz bestanden, schützten sie die Menschen auch gleichzeitig vor ansteckenden Krankheiten.

Einige Hinweise zu Harzen aus dem Handel

- Olibanum, das Harz des Weihrauchbaums, nutzten viele alte Kulturen bereits als kultisches Räucherwerk. Der eher herbe, stark desinfizierende Rauch kann in Verbindung mit Kräutern einen aromatischwürzigen Duft entwickeln. Weihrauch bringt die materielle Welt mit der geistigen in Einklang.
- Das Harz des Myrrhebaums fand gleichermaßen Verwendung wie das des Weihrauchbaums, allerdings ist sein Duft etwas herber.
- Das Opoponax-Harz stammt von einer Verwandten, der sogenannten süßen Myrrhe und hat einen wesentlich weicheren, lieblicheren Duft.
- Das Harz des Pistazienbaumes ist als Mastix im Handel. Sein Duft ist geheimnisvoll und bringt Licht und Leichtigkeit ins Haus.
- Copal gilt als sehr kostbares Räucherharz. Es gibt unterschiedliche Sorten, die meist einen etwas zitronigen, feinen, hellen und klaren Duft verströmen und sich auch gut mit anderen Harzen mischen lassen. Copal wirkt inspirierend und spirituell öffnend.

Harze galten von alters her als etwas unglaublich Kostbares, nicht nur, weil sie teuer waren. Es war flüssiges, konzentriertes

Sonnenlicht, das gesammelt, getrocknet und bewahrt werden konnte, bis der Tag kam, wo man es den transformierenden Kräften des Feuers überließ, damit es frei werden und als Sonnenlicht wieder zurückkehren konnte.

Unsere Ahnen wussten um die Kostbarkeit der Harze, die sie sammelten. Denn selbst, als es später Harze aus fernen Ländern zu kaufen gab, blieben sie ihren alten Bräuchen treu. Oftmals hätten sich die einfachen Bauern die teuren Harze natürlich auch gar nicht leisten können, aber Weihrauch und Myrrhe schienen ohnehin über viele Jahrhunderte hinweg ein Privileg der Kirchen und Klöster zu sein.

Das Trocknen von Kräutern und Harzen

Gesammelte Pflanzenteile und Harztropfen trocknet man am besten an einem warmen, luftigen Ort, aber niemals direkt in der Sonne oder im Backofen, damit die ätherischen Öle erhalten bleiben und erst später beim Räuchern frei werden. Zarte Kräuter oder Blüten trocknen meist innerhalb weniger Tage, bei Harzen kann es manchmal ein Jahr oder sogar länger dauern.

Um mögliche Schimmelbildung zu vermeiden, sollten Sie Ihre getrockneten Kräuter niemals in Plastiktüten aufbewahren, sondern in Papiertüten oder Stoffsäckchen aus Leinen oder Baumwolle, damit eventuelle Restfeuchtigkeit noch verdunsten kann.

Räuchermischungen für die Rauhnachtszeit

- Je ein Teelöffel sehr fein geschnittene Alantwurzel, Johanniskraut, Mistelkraut, Beifußkraut, Fichtennadeln, etwas Tannen- oder Fichtenharz
- Je ein Teelöffel Beifußkraut, Schafgarbe, wilder Thymian, Wacholderbeeren und - nadeln, etwas Kiefern- und eventuell ein Tropfen Lärchenharz. Da Lärchenharz nur schwer trocknet, arbeiten Sie lediglich einen einzigen kleinen Tropfen unter die zerriebene Mischung, die ihn ganz aufsaugen sollte.
- Je ein Teelöffel Mistelkraut, Beifußkraut, Salbeiblätter, Wacholdernadeln, Fichtennadeln, etwas Fichten- oder Kiefernharz

Diese einfach herzustellenden Mischungen bestehen ausschließlich aus heimischen Kräutern und Harzen, die Sie selbst sammeln können. Die Kräuter und Harze sollten im Mörser fein zerrieben werden, zur Aufbewahrung eignen sich kleine Gläser mit Schraubverschluss. (Um Verwechslungen zu vermeiden, sollten sie am besten immer gleich beschriftet werden!)

Natürlich können Sie jederzeit weitere Kräuter und Harze zukaufen, Ihrer Kreativität sind bei den Mischungen keinerlei Grenzen gesetzt.

Alle Maßangaben sind nur als Anhaltspunkte gedacht, denn es gibt beim Räuchern keine festen Regeln. Nutzen Sie Ihre Intuition, sammeln Sie eigene Erfahrungen und finden Sie, je nach Vorlieben, auch Ihre eigenen Rezepte heraus.

Es ist empfehlenswert, den Räuchermischungen immer auch etwas Harz beizugeben, da das schmelzende Harz einen Teil der Kräuter an sich binden wird. Der Duft wird dadurch intensiver, kann sich allmählicher verbreiten und ist länger wahrnehmbar. Als grobe Regel gilt allerdings, dass höchstens ein Viertel der Mischung aus Harzen bestehen sollte.

Wichtig ist, nur sehr gut getrocknetes, fein zerriebenes Harz zu verwenden, da es sonst die Räucherkohle zum Verlöschen bringen kann.

Meditation – Zeit für mich und meine Gedanken

Begeben Sie sich während der Rauhnächte jeden Tag an Ihren Ort der Ruhe, schalten Sie alle möglichen Störungen aus und nehmen Sie sich die Zeit für eine Meditation. Probieren Sie aus, welche Form der Meditation Ihnen am besten liegt. Natürlich können Sie diese Erfahrung auch wunderbar mit einer Räucherung begleiten. Denn immer schon hieß es: »Der aufsteigende Rauch trage unsere Gedanken den Göttern entgegen.«

Egal ob am frühen Morgen oder am späten Abend, finden Sie selbst heraus, wann Sie am besten abschalten und meditieren können.

Meditation in der Stille

Um zu meditieren, begeben Sie sich in eine bequeme Lage. Um eine Weile so zu verbringen, lassen Sie vielleicht auch sanfte, leise Musik laufen und versuchen, alltägliche Gedanken in den Hintergrund treten zu lassen. Zu meditieren bedeutet, in die Mitte kommen, zur Ruhe zu kommen, geerdet und gleichzeitig mit allen Sinnen offen und empfänglich zu sein für Inspirationen oder intuitive Wahrnehmungen, die auch von der eigenen inneren Stimme kommen können. Es ist wichtig, dass wir das, was wir empfangen, erst einmal völlig neutral und vorurteilsfrei geschehen lassen. Sonst kann es passieren, dass unser kritischer Verstand alles schon zunichtemacht, bevor es richtig bei uns angekommen ist. Geben Sie Ihrer höheren Führung, Ihrer inneren Stimme eine Chance! Lauschen Sie, lassen Sie es setzen … verwerfen können Sie es dann immer noch, wenn es sich nicht stimmig anfühlt oder allzu unglaubwürdig erscheint.

Falls es Ihnen schwerfällt, sich allein in einen meditativen Zustand zu versetzen, können Sie natürlich auch Meditations-CDs benutzen. Wenn Sie noch unerfahren mit dem Meditieren sind, dann verfallen Sie vor allem in keinen Zwang, wie man »richtig« meditiert. Richtig ist, was sich für Sie ganz persönlich gut anfühlt und Sie zur Ruhe bringt.

Visualisieren

Beim Visualisieren lassen wir Dinge bildhaft vor dem inneren Auge entstehen. Wir können so u.a. Einfluss auf unser Unterbewusstsein nehmen, können ähnlich wie beim Computer alte Programme löschen und neue eingeben. Es ist sicher leicht nachvollziehbar, dass es nicht viel nutzen kann, nur ein neues »positives Programm« einzugeben, solange das alte »negative« immer noch weiterläuft.

In Visualisierungen können wir uns z. B. vorstellen, negative emotionale Gefühle zu wandeln und alte Denkmuster, Eigenschaften und Angewohnheiten, loszulassen. Wir können uns bewusst von allem trennen, was uns nicht mehr nützt und unterstützt und unserer Entwicklung nicht länger dienlich ist.

Zu visualisieren, hat mit unserer Kraft zu tun, uns etwas vorstellen zu können, was im Moment nicht wirklich existiert, was wir aber durch unsere innere Vorstellungskraft »herbeizaubern« können. Es ist wirklich ein bisschen wie zaubern, denn zur Zauberkunst gehört auch der genau definierte Wunsch, gepaart mit Vorstellungskraft sowie einer starken Absicht und Willenskraft.

Praktisch bedeutet das, dass Sie sich all das bildhaft vorstellen, was im positiven Sinne für Sie geschehen oder sich wandeln sollte, z. B. wie eine Wunde problemlos wieder zuheilt, wie wir eine schwierige Aufgabe meistern oder wie wir uns mit jemandem versöhnen, auf den wir wütend waren. Wir können visualisieren, dass nach einem Hagelschauer alle Pflanzen wieder üppig wachsen oder dass wir im Morgentau durch feuchtes Gras laufen, glücklich und froh gestimmt sind und, und, und …

Affirmationen

Sie sind sozusagen das neue »positive Programm«, nachdem wir etwas bewusst losgelassen haben, uns von etwas getrennt haben, etwas transformiert haben. Affirmationen sind Bekräftigungen, Bestätigungen, die wir halblaut aussprechen, am besten abends im Bett, kurz vor dem Einschlafen. So werden sie am besten vom Unterbewusstsein aufgenommen und verinnerlicht. Affirmationen sollten immer positiv formuliert sein, dürfen keinerlei verneinende Wörter enthalten wie »kein«, »nicht« oder »nie«, da unser Unterbewusstsein diese Verneinungen ausblendet.

Hier ein paar Beispiele:

- »Ich vertraue darauf, dass ich optimal vorbereitet bin und mir zur rechten Zeit alles Wichtige einfällt.«
- »Ich weiß, dass ich jetzt bereit bin, ganz neue Ziele in meinem Leben anzustreben.«
- »Ich fühle mich jetzt stark genug, meine Meinung zu äußern und Ungerechtigkeiten anzusprechen.«

Formulieren Sie Ihre eigenen Affirmationen, ganz auf Ihre eigenen Themen abgestimmt. Es gibt keine festen Regeln bezüglich der Anwendungsdauer, richten Sie sich ganz nach Ihrer Intuition, aber haben Sie Geduld. Wenn Sie das Gefühl haben, dass sich der Satz gesetzt hat und eine Veränderung spürbar ist, können Sie mit einer neuen Affirmation weitermachen oder auch ganz damit aufhören. Sie sollten immer in sich hineinhorchen und hineinspüren, was Ihnen als Nächstes guttun würde.

Träume ernst nehmen

Träume zur Rauhnachtszeit galten schon immer als besonders bedeutungsvoll, und es hieß, der Traum einer jeden Nacht könnte das Omen enthalten für den entsprechenden Monat des bevorstehenden Jahres.

Auf jeden Fall sollten Sie aber, vor allem wenn Sie sich in dieser Zeit intensiv der Meditation widmen, Ihre Träume ernst nehmen und ihnen nachspüren. Sie geben Ihnen wichtige Hinweise auf verborgene Regungen Ihrer Seele.

Es bietet sich auch an, die Träume in Ihrem Tagebuch aufzuzeichnen, bevor sie sich am Morgen »in Luft auflösen«.

Blicke in die Zukunft

Der Blick in die Zukunft hatte schon immer etwas Spannendes und Faszinierendes, und so gab es zahlreiche Bräuche des Befragens und Deutens, des Wahrsagens und Orakelns sowie des Lesens von Omen und Zeichen. Gerade die Zeit »zwischen den Jahren« wurde dafür genutzt, denn unsere Vorfahren glaubten, in dieser Zeit sei der Kontakt zur »Anderswelt« besonders leicht möglich.

Am bekanntesten ist heute sicher der Brauch des Bleigießens. Befragt wurden aber auch Orakelkarten oder -steine. Jeder kennt heutzutage Tarotkarten, es gibt Kartendecks mit den dazugehörigen Büchern, die den genauen Gebrauch, die Legemöglichkeiten sowie die Deutung der einzelnen Karten erklären und auch näher erläutern. Es dauert eine gewisse Zeit, sich mit der Symbolik und tieferen Bedeutung der Karten auseinanderzusetzen, aber natürlich kann man auch jemanden zu Rate ziehen, der sich bereits gut damit auskennt.

Bleigießen – dem Schicksal eine Form geben

Noch heute erinnert das zu Silvester übliche Bleigießen an die alten Orakelbräuche: In einem Löffel oder einem kleinen Pfännchen lässt man über einer Kerze etwas Blei schmelzen, und sobald es flüssig ist, gießt man es in eine Schüssel mit kaltem Wasser. Früher hieß es, man müsste es durch einen Erbschlüssel gießen, also einen alten Schlüssel, den die Familie geerbt hatte. Möglicherweise wollte man auf diese Weise die Ahnen an der Weissagung teilhaben lassen.

Aus den Formen, die das Blei im kalten Wasser annimmt, versucht man schließlich, die Zukunft und das Schicksal zu deuten. Dies geschah früher im Kreise der Familie. Ganz besonders die jungen Mädchen wollten so einen Blick in die Zukunft werfen und herausfinden, ob im bevorstehenden Jahr »ein Hochzeiter ins Haus stünde«.

Blei untersteht der Planetenkraft des Saturn, der über das Tierkreiszeichen Steinbock herrscht und damit auch über die Zeit der zwölf Rauhnächte. Saturn lehrt uns, durch Rückzug und Besinnung, durch Beschränkung auf das Wesentliche innerlich zu wachsen und zu reifen. Diese Synchronizität lässt auch erahnen, worum es bei den Rauhnächten geht: Es ist ein Zeitraum wie kein anderer im Jahreslauf – einer, der uns innerlich führt und trägt und uns vieles über uns selbst und das Leben lehren kann, wenn wir uns öffnen und ganz darauf einlassen.

Barbarazweige – verheißungsvolle Vorboten

Ein ebenfalls heute noch üblicher Brauch ist das Schneiden von »Barbarazweigen« am Tag der heiligen Barbara, am 4. Dezember. Dafür schneidet man einige Zweige vom Kirschbaum, klopft die Schnittstellen breit und stellt die Zweige in warmes Wasser. Bis zum Beginn der Rauhnächte sollten sie erblüht sein, um als verheißungsvolle Vorboten des wiederkehrenden Lebens zu dienen. Aus der Anzahl der Blüten las man früher ab, ob das kommende Jahr eine reiche Ernte bescheren würde oder ob man sich eher auf ein mageres Jahr einstellen müsste.

Heutzutage nur noch wenig bekannt, ist das Schlagen mit der heidnischen »Lebensrute«. Dazu schlug man sich gegenseitig – und auch die Kinder – mit aufgeblühten Zweigen, um so die Kraft des Frühlings und des sich erneuernden Lebens zu übertragen und im Inneren zu erwecken. In manchen Gegenden wurden auch die Felder mit blühenden Zweigen gepeitscht oder man führte kreistanzartige Rituale auf, um die Erde durch rhythmisches Stampfen mit den Füßen zu erwecken.

Wetterlesen

Ein uralter Brauch ist das »Wetterlesen« während der zwölf Rauhnächte. Zu dieser Kunst der »Aeromantie« gehört ein besonderes Gespür und die Erfahrung vieler Generationen, um die Zeichen der Natur richtig lesen und deuten zu können. Jede dieser Nächte bzw. jede Stunde der einzelnen Tage steht für den Wetterverlauf im entsprechenden Monat des kommenden Jahres. Und in Verbindung mit einem reichhaltigen Schatz von

Bauernregeln stellten sich die Menschen auf das ein, was da kommen würde. Es gibt heute nur noch sehr wenige Menschen, die diese Kunst beherrschen.

Gute und schlechte Vorzeichen

Omen sind Vorzeichen vermuteter zukünftiger Ereignisse. Hauptsächlich durch Tier- und Wetterbeobachtungen hat man früher Rückschlüsse auf bevorstehendes Glück oder Unheil gezogen. Gerade in der Zeit der Rauhnächte, wenn die Türen zur Anderswelt ein wenig geöffnet sind, lohnt es sich, auf Vorzeichen zu achten.

Als »böses Omen« galt,

- wenn einem eine schwarze Katze über den Weg lief,
- wenn ein streunender Hund vor der Haustür heulte (dies galt als Todesbotschaft),
- wenn sich ein Käuzchen auf ein Haus setzte,
- wenn Bienen ihren Stock verließen (ein Vorzeichen für Zwietracht im Haus).

Als »gutes Omen« galt,

- wenn einem am frühen Morgen als erstes ein junges Mädchen begegnete,
- wenn ein Kind an einem Sonntag geboren wurde.

Zu bestimmten Zeiten hat man auch nachgeholfen mit den Omen. Z.B. wurde am Silvesterabend möglichst reichlich gespeist. Dazu gab es segenbringende Speisen wie Erbsensuppe, Fleisch, Kraut und Knödel. Das üppige Essen sollte ein gutes

Omen sein, dass man auch im kommenden Jahr immer genug auf dem Tisch hätte. Deshalb musste auch immer etwas davon für den Neujahrstag aufgehoben werden – das neue Jahr sollte mit einem gut gedeckten Tisch beginnen.

Bei armen Leuten gab es oft nur Hirsebrei, Eier und Kraut. Als Symbol für Leben und ewige Erneuerung sprach man dem Ei von jeher magische Kräfte zu und legte zum Schutz vor Hexen und Hausbrand Eier in die Ecken von Fenstersimsen und in Vertiefungen hinter Türen.

Ein weiteres gutes Omen sollten kleine Geschenke sein, die man zum neuen Jahr mit vielen guten Wünschen verteilte. Beliebt waren Brotringe, die allerorten fröhlich verteilt und auch eingesammelt wurden.

Lesen aus einer Wasseroberfläche

Ein Wasserorakel lässt sich befragen, indem man eine Schale mit Wasser füllt. Man lässt sich Zeit, bis man sich in einen meditativen Zustand versetzt hat, und konzentriert sich dann auf die Frage, die man gerne stellen möchte. Es sollte niemals ein Ja oder Nein als Antwort erwartet werden, sondern eher so etwas wie ein Bild, ein symbolischer Hinweis. Sobald Ihre Frage innerlich klar formuliert ist, blicken Sie auf die Wasseroberfläche. Bitten Sie um ein Zeichen und achten Sie auch auf Ihre begleitenden Empfindungen. Es ist wichtig, dass man sich in ruhiger, ausgeglichener Stimmung befindet und ganz offen und frei von Erwartungen ist. Negative Emotionen wie Wut oder Aufgewühltheit können uns ein falsches Bild vermitteln und eine neutrale Antwort verhindern.

Notieren Sie, was Sie spontan gesehen oder empfangen haben, auch wenn es im Moment noch keinen Sinn ergibt. Denn manchmal können wir erst später verstehen, was ein Bild uns zeigen wollte.

Lesen aus einer Glas- oder Kristallkugel

Auf die gleiche Weise kann auch eine Glas- oder Kristallkugel befragt werden. Auch für diese Orakelkunst ist erst einmal Geduld gefragt, denn wir müssen uns möglichen Antworten in ruhiger Gelassenheit und frei von Erwartungen öffnen. Es lässt sich nichts beschleunigen und schon gar nicht erzwingen. Wir können es nicht mit Geld kaufen und wir haben auch kein Recht darauf. Es mag uns geschenkt werden, es mag sich uns offenbaren, vielleicht aber auch nicht. Wenn es heute nicht geschieht, heißt das nicht, dass es morgen nicht geschieht, oder nächste

Kristallkugel mit Schlangenstab

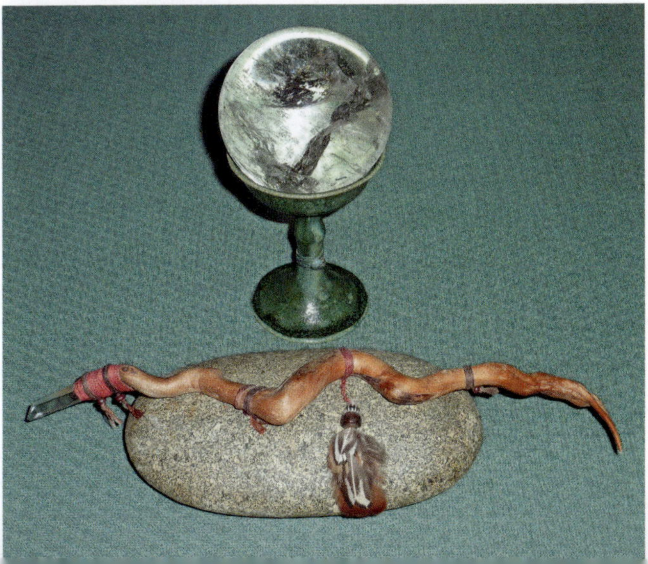

Woche oder im nächsten Jahr. Oft müssen wir erst einmal lernen, um etwas zu bitten und dann geduldig zu warten, denn erst dann wird es möglich sein, demütig und dankbar zu empfangen.

Runenorakel

Der nordgermanische Gott Odin, der im Süden Germaniens Wotan hieß, ist einer der komplexesten Götter in der nordischen Mythologie. Es hieß, dass er seine Weisheit den beiden Raben Hugin und Munin verdankte und seinen Göttersitz in Asgard hatte. Von seinem Thron aus konnte er alles sehen, was sich in der Welt ereignete. Mit seinem Wunschmantel konnte er sich unsichtbar machen und an alle Orte bringen lassen, an denen er sein wollte.

Runenset

In der »Edda« wird erzählt, wie Odin sich selbst opferte und neun Tage lang kopfüber in der Weltenesche Yggdrasil hing, bevor sich ihm die Macht der Runen offenbarte und er sich befreien konnte.

Diesen Runen wurden magische Kräfte zugeschrieben, und jedes dieser Schriftzeichen hat eine ganz bestimmte Bedeutung. Sie können wie die Buchstaben des Alphabets verwendet werden, aber auch als eigenständige Begriffe. Es gibt verschiedene Runenreihen aus unterschiedlichen Gegenden und Zeiten. Sie haben bis heute nichts von ihrer Faszination verloren und werden immer noch für Orakelbefragungen verwendet.

Traditionell wurden die Runen auf Steine aufgemalt oder in Holzstäbchen eingeritzt, z. B. Siegrunen, wenn man in den Krieg zog, Meerrunen, um die Schiffe zu schützen, Bergerunen zur Geburtshilfe, Rederunen, um kluge Reden zu halten, oder Löserunen, um aus einer Beziehung oder Gefangenschaft freizukommen. Auch gegen Krankheiten wurden Runen eingesetzt und der kranken Person unter das Leintuch gelegt.

Zur Orakelbefragung zieht man in der Regel drei Runen, deren Symbolik man nacheinander zu seiner gestellten Frage in Beziehung setzt und deutet.

Auch Runensteine oder -hölzer kann man sich wunderbar selbst herstellen. Dazu sollte man sich ein Runenbuch besorgen, denn dann hat man nicht nur alle Runen als Vorlage, sondern kann auch gleich die entsprechenden Ausführungen über die Bedeutung und Deutung der einzelnen Runenzeichen darin nachlesen.

Im Kaffeesatz lesen

Dazu braut man einen starken Mokka, indem man den frisch gemahlenen Kaffee in der Tasse aufgießt, lässt ihn einige Minuten ziehen und trinkt ihn dann vorsichtig in kleinen Schlucken fast aus. Mit dem letzten kleinen Schluck schwenkt man den Satz in der Tasse, sodass er sich unregelmäßig auf der Innenseite der Tasse ausbreitet. Dann stürzt man die Tasse auf die Untertasse und wartet etwas, bis der Satz ein wenig fest geworden ist. Anschließend liest man aus den Formen, Linien und Zeichen. Wenn Sie während der Rauhnachtszeit nicht ganz allein sind, sondern eine Freundin zu Besuch haben, ist dies vielleicht eine schöne Art, gemeinsam in die Zukunft zu schauen.

Losbücher und Losorakel

Unsere Vorfahren besaßen Losbücher, also Wahrsagebücher, die für die Weissagung von Wetter- und Krankheitsverläufen, für die Vorhersage politischer Entwicklungen und für die Beantwortung aller Art alltäglicher Fragen genutzt wurden. Da sie als nicht wissenschaftliche, unchristliche Zauberbücher galten, waren sie nach kirchlichem und weltlichem Recht verboten. Es gab Losbücher mit Orakelzahlenrädern und »Wahrsprüchen«, bei denen man durch Würfeln, Auszählreime oder andere Praktiken den Spruch herausfand, der die gestellte Frage beantworten sollte.

Die erhaltene Antwort, das erhaltene »Los« galt als Gottesurteil und musste hingenommen werden. Daher stammt auch der Ausdruck, »ein schweres Los tragen« zu müssen.

Da auch während der Rauhnächte fleißig orakelt wurde, bezeichnete man sie oft auch als die zwölf »Losnächte«. Zum »Auslosen« verwendete man Holzscheiben, Steine, Knochen oder Tonscherben, auf die man Namen, Zeitpunkte oder sonstige Möglichkeiten schrieb oder einritzte. Jeder der Beteiligten griff blind in einen Sack, oder man ließ ein Kind hineingreifen und die Lose verteilen.

Wenn Sie weder Holz noch Steine, Knochen oder Tonscherben zur Verfügung haben, beschreiben Sie kleine Zettel, die Sie zusammenfalten und in einen Beutel geben. Es ist immer besser, eine Vielfalt möglicher Antworten zu erlauben und nicht nur Ja und Nein.

Falls Ihnen die Antwort nicht gefällt, sollten Sie die gleiche Frage nicht sofort wiederholen in der Hoffnung, dass die Antwort beim nächsten Mal besser ausfällt. Sie sollten mindestens drei Tage warten, da sich die Konstellation inzwischen geändert haben kann. Aber natürlich können Sie sich auch selbst fragen, was Sie beitragen könnten, damit die Antwort anders ausfällt.

Durch unser Denken, Fühlen und Handeln können wir unsere Zukunft, unser Schicksal, jederzeit beeinflussen und auch wandeln.

Tierorakel

Besonders reizvoll sind Tierorakel, denn wir wissen vom Schamanismus, dass hier vielen Tieren besondere Bedeutung beigemessen wird: als Stammes- und Krafttiere. Medizinmänner und Schamanen, Seherinnen und weise Frauen waren sich zu allen Zeiten bewusst, dass Tiere mühelos die Brücke zwischen

Tierorakel

diesseitiger und jenseitiger Welt queren können, dass sie in der Anderswelt genauso zu Hause sind wie in der irdischen Welt. Tiere können Botschaften überbringen, sie können uns lehren, führen oder beschützen, selbst wenn sie nicht physisch anwesend sind. Jedes Tier hat spezielle Eigenschaften, Aufgaben und Qualitäten.

Kreieren Sie Ihr eigenes Tierorakel

Ich möchte Sie ermutigen, sich Ihr eigenes Tierorakel zu kreieren. Sammeln Sie dafür flache Kieselsteine, wie man sie überall an Bächen und Flüssen finden kann, und achten darauf, dass die Oberfläche möglichst eben und glatt ist. Ob Sie die Tiere bunt aufmalen oder mit einem wasserfesten Stift skizzieren, ist ganz Ihnen überlassen. Zur Orakelbefragung geben Sie die Steine in einen Stoff- oder Lederbeutel, den Sie sich natürlich auch selbst nähen können.

Wie das Tierorakel benutzt werden kann

Begeben Sie sich an Ihren Ruheplatz, zünden Sie eine Kerze an und zentrieren Sie sich, indem Sie ein paarmal tief ein- und ausatmen. Formulieren Sie innerlich Ihre Bitte bzw. Frage. Das könnte sein: »Welches Tier, welche Kraft und Qualität möchte mich jetzt und in der nächsten Zeit begleiten?« Oder: »Welche Botschaft möchte mir jetzt durch eines der Tiere übermittelt werden?« Man stellt jeweils nur eine Frage, denn es ist kein Spiel, bei dem man immer wieder schaut, was als Nächstes kommt, sondern man sollte sich mit dieser einen Antwort zufriedengeben.

Greifen Sie blindlings in den Beutel und nehmen Sie einen Stein heraus. Um die Antwort zu erfassen und zu verstehen, ist es wichtig, nicht nur die Worte abzulesen, die als Hilfestellung dienen sollen; vielmehr sollte man versuchen, sich in das betreffende Tier hineinzuversetzen: Welches sind seine typischen Verhaltensweisen, welche Gefühle und Assoziationen weckt es in mir, wie verhält es sich in freier Natur, gegenüber Artgenossen, welche Erlebnisse oder Geschichten fallen mir zu dem Tier ein? Finden Sie Ihre eigenen Fragen. Denn so erlauben Sie, dass die Botschaft fassbar werden und sich offenbaren kann. Und das kann durchaus eine Weile dauern, eher selten geschieht es sofort und spontan.

Einige Tiere mit ihren charakteristischen Eigenschaften

Das Pferd ruft uns auf, in der physischen Welt oder auch den inneren Welten auf Reisen zu gehen. Pferde sind Herdentiere und brauchen die Gemeinschaft, sie haben große physische Kraft und Ausdauer, sind aber gleichzeitig sehr feinfühlig und besitzen eine hohe Sensitivität.

Der Bulle symbolisiert physische Kraft und Mächtigkeit, Überzeugungskraft und Fruchtbarkeit. Als vorbildlicher Wächter seiner Herde ist er seinem Besitzer von großem Nutzen. Er gilt als Zeichen von Fülle und Wohlstand.

Die Kuh als heiliges Symbol und Totem der keltischen Göttin Brigid, steht für selbstlose Mutterschaft mit großzügig fließenden, heilenden und nährenden Kräften. Dieser immerwährende Strom nährender und heilender Energie steht allgegenwärtig zur Verfügung: in der Natur, in unserer Nahrung, in unseren Herzen.

Der Hirsch steht für majestätische Anmut, Integrität, Unabhängigkeit und Schöpfungskraft. Als Botschafter der Anderswelt wurde er mit Cernunnos assoziiert. Dieser keltische Naturgott vereinte sämtliche schöpferischen Kräfte der Natur und galt als Begleiter der großen Erdgöttin.

Das Reh verkörpert Sanftheit, Anmut und Eleganz. Sein scheuer Ruf entführt uns ins Reich der Feen und lädt uns ein, jenseits unserer materiellen, oberflächlichen Welt den Dingen ins Herz zu blicken, um die Ursachen zu erkennen, anstatt nur die Auswirkungen wahrzunehmen.

Der Fuchs ist schlau und scharfsinnig; das kennen wir bereits aus Märchen. Er weiß, wann er sich offen zeigen kann, wann er sich besser versteckt hält oder wann er Schläue und Diplomatie einsetzt. Die Herausforderung ist, Scharfsinnigkeit und Schläue nicht zu nutzen, um andere zu täuschen oder zu betrügen.

Der Adler lehrt uns, das Leben im größeren Überblick und Kontext zu betrachten, um anstehende Entscheidungen mit mehr Klarheit und Objektivität zu treffen. Der Adler trifft seine Entscheidung genau im richtigen Moment, verfolgt mutig sein Ziel und zeigt keine Scheu, neues, unbekanntes Territorium aufzusuchen.

Der Widder repräsentiert die Kraft, Schwierigkeiten durchzustehen und zu überwinden, um letztlich sein Ziel zu erreichen. Er steht für Stärke und Stabilität, für Ausdauer und Durchbruch. Die Herausforderung kann sein, geduldig zu bleiben und trotz Zielstrebigkeit nicht mit dem Kopf gegen die Wand zu rennen.

Der Rabe steht für Heilung, Einweihung und Schutz, aber auch für Zerstörung. Als Begleiter der keltischen Todesgöttin Morrigan taucht er auf, wenn etwas Altes stirbt oder vergeht und Platz macht für etwas Neues. Für die Druiden blickte er hinter den Schleier des Todes, in Vergangenheit und Zukunft und verkehrte als Botschafter zwischen den Welten.

Der Bär vereint Urkraft, Souveränität, Instinkt und Intuition. Wegen dieser Eigenschaften war er in allen alten schamanischen und druidischen Zeremonien eines der wichtigsten und am meisten verehrten Krafttiere. Der Name »Arthur« bedeutet im Keltischen »Bärenmann«, und »Alban Arthan« für die Winter-

Bären- und Adlerkralle auf Schieferplatte

sonnenwende bedeutet »Licht des Arthur«. Hier zeigt sich die Artus-Sage in ihrer tieferen Bedeutung!

Der Wolf als wildes und doch sehr soziales Tier kann uns lehren, scheinbar Gegensätzliches zu vereinen. Weil er seine Intuition nutzt und nicht allein auf seine Kraft vertraut, weiß er genau, wann er Barrieren überwinden und Risiken eingehen kann. Als Gefährte und Rudeltier ist er treu, aber auch als Einzelgänger kann er problemlos überleben.

Der Eber steht für Kampfgeist, Führerschaft und Ausrichtung. Der Eber lehrt uns, Richtung im Leben zu finden und mutig, kraftvoll und energisch für unsere Überzeugungen einzustehen. Die Herausforderung kann sein, erst abzuwägen, bevor mit roher, ungezügelter Kraft gekämpft wird.

Der Hund verkörpert Loyalität, Treue und Vertrauen, aber auch Schutz. In der druidischen Tradition galt der Hund als

Hüter der Mysterien. Um wichtige Werte zu beschützen, ist er bereit zum Kampf, unterscheidet aber instinktiv zwischen guter und böser Absicht. Die Herausforderung kann sein, nicht sofort reflexartig zuzubeißen.

Die Katze lehrt uns die Fähigkeit, Situationen über längere Zeit ganz ruhig zu beobachten, ohne darauf zu reagieren. Scheinbar schlafend, aber in Wirklichkeit lauschend, nutzt sie ihre hoch entwickelten Sinne zur gleichzeitigen Wahrnehmung physischer und feinstofflicher Welten. So sehr sie die Nähe liebt, braucht sie doch auch ihre Unabhängigkeit.

Die Eule steht für Weisheit und Wandel. Es heißt, sie würde den Schleier der Begrenzungen von Raum und Zeit durchdringen, sie sieht die Seelen kommen und gehen, und so galt ihr Schrei seit jeher als Omen für Tod und Geburt. Während sie lautlos durch die Nacht gleitet, nutzt sie ihre äußerst scharfen Sinne, um auf die Jagd zu gehen.

Die Amsel sitzt am Torweg zweier Welten. Sie drängt uns, zu erkennen, welcher Weg jetzt für uns ansteht. Ist es der spirituelle Weg, der uns verspricht, die tiefsten Tiefen unserer Seele zu ergründen? Oder ist es die äußere Welt, die uns ruft, unseren Aufgaben und Verantwortungen nachzukommen?

Die Biene zeigt uns, dass wir in Harmonie miteinander leben können, indem wir als Gemeinschaft zusammenhelfen. Sie lädt uns ein, Süße und Wunder des Lebens zu kosten und gemeinsam zu feiern. In der druidischen Tradition gab es viele Feste, und wir alle brauchen Zeiten, wo wir zusammenkommen, um Freude zu erleben.

Das keltische Baumorakel, das »Tree-Ogham«

Auch die Symbolik der Bäume eignet sich ganz hervorragend als Orakel zur Rauhnachtszeit.

Nicht nur jedes Tier, auch jeder Baum hat seine eigene Wesensart, seinen unverwechselbaren Ausdruck und seine ureigene Symbolik.

Unsere keltischen Vorfahren nutzten das »Ogham« zum einen als Alphabet, zum anderen stand jedes der zwanzig Zeichen gleichzeitig für einen bestimmten Baum. Jedes Ogham bestand aus einer senkrechten Grundlinie mit Querstrichen, die manchmal nur nach einer Seite gerichtet waren, manchmal über beide Seiten der Grundlinie hinausgingen. Es heißt, dass die Druiden geheime Unterhaltungen miteinander führen konnten, indem sie in Gesellschaft über scheinbar nichtssagende Dinge miteinander sprachen, aber gleichzeitig die Zeichensprache benutzten. Dabei diente ein Unterarm als Grundlinie, und mit den Fingern der anderen Hand wurden in blitzschneller Abfolge die Buchstaben angezeigt, die vom Gegenüber genauso schnell erfasst und gelesen werden konnten.

Bedeutung und Symbolik des Oghams wurden lange Zeit nur mündlich weitergegeben, schließlich aber auch schriftlich festgehalten, u. a. im »Book of Ballymote«. Es ist zwar nicht so einfach, alle zwanzig Hölzer für ein komplettes Set zu sammeln, aber gerade das mühsame Sammeln trägt sehr dazu bei, sich den einzelnen Bäumen wirklich anzunähern, ihre Wesensart und Botschaften aufzunehmen und zu verstehen.

Ogham-Stäbe

Kreieren Sie Ihr eigenes Ogham-Set

Um später ein möglichst einheitliches Set zu besitzen, nimmt man eher dünne Äste, denn von wildem Wein, Efeu oder Heidekraut wird es in unseren Regionen schwierig sein, dickere Äste zu finden. Um den Baum oder die Pflanze nicht unnötig zu verletzen, kann man auch Äste nehmen, die ohnehin einem Zuschnitt zum Opfer gefallen sind. Allerdings dürfen sie noch nicht vertrocknet sein, sie müssen noch Saft und Lebenskraft enthalten.

Die Hölzchen sollten möglichst gerade gewachsen, etwa 1 cm im Durchmesser und 8 bis 10 cm lang sein. Da die Rinde sehr charakteristisch ist, sollte sie nach Möglichkeit am Holz bleiben. Deshalb werden die Stöckchen zunächst einige Tage sehr vorsichtig im Schatten getrocknet. Dann wird das eine Ende mit einem Messer angeschrägt und in diese Stelle wird später das Ogham-Zeichen des betreffenden Baumes eingeritzt oder aufgezeichnet. Während wir das Stöckchen bearbeiten, sollten wir eine bewusste Verbindung zum Baum herstellen und aufrechterhalten und all die Eindrücke und Erfahrungen, die wir selbst mit diesem Baum gesammelt haben, sollten wir jetzt noch einmal in uns aufleben lassen. So wird die noch in diesem Ogham enthaltene Lebenskraft feinstofflich geladen und präpariert.

Zur Aufbewahrung werden die »Ogham-Sticks« in natürlichem Material wie einem Holzkästchen, einem Stoff- oder Lederbeutel gelagert.

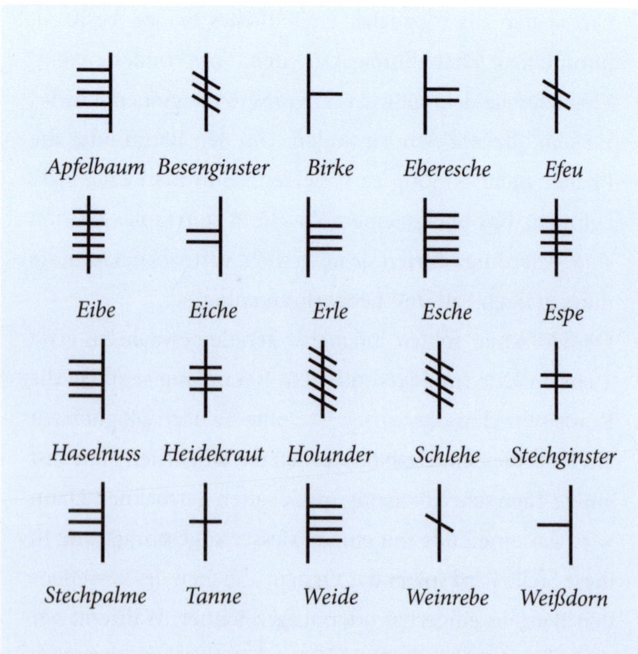

Feenwald

Das Sammeln der zwanzig Hölzer: Kontaktaufnahme zwischen Mensch und Natur

Für einen Druiden war es selbstverständlich, sich einem Baum oder Strauch respektvoll zu nähern und einen Zweig nicht einfach abzuschneiden oder gar abzubrechen. Er bat den Baum um einen Zweig, und erst, wenn er telepathisch die Zustimmung empfing, schnitt er diesen Zweig ab. Er respektierte, wenn ihm die Erlaubnis versagt blieb, und versuchte sein Glück bei einem anderen Baum. Zur inneren Haltung von Achtung und Respekt gehörte es auch, dem Baum anschließend für seine Gabe zu danken.

Wenn Sie bisher nur wenig Bezug zu Bäumen hatten, dann gehen Sie in einen Wald, einen möglichst natürlichen Mischwald, und nehmen Sie sich Zeit, sich einzelnen Bäumen anzunähern. Lehnen Sie sich an den Stamm, verweilen Sie eine Weile, schlingen Sie die Arme um ihn, versenken Sie Ihren Blick in seine Wurzeln, in die Rinde des Stammes, in seine Blätter oder

Nadeln. Betasten Sie den Baum vorsichtig, erspüren Sie seine individuelle Eigenart, wie er sich anfühlt, seinen Geruch, sein Verwurzeltsein in der Erde, und blicken Sie in seine Krone, die dem Licht entgegenstrebt. Atmen Sie seine Atmosphäre tief in Ihr Herz hinein und geben Sie sich für eine Weile ganz dieser Erfahrung hin.

Lassen Sie die Begegnung beim Weitergehen noch in sich nachklingen, und machen Sie sich ein paar Notizen zu Ihren Eindrücken und Empfindungen.

Um mit Bäumen in tieferen, innigeren Kontakt zu kommen, sollten wir sie immer wieder aufsuchen. Zu den verschiedenen Jahreszeiten, während unterschiedlicher Tages- oder auch Nachtzeiten und bei Regenwetter gleichermaßen wie bei Sonnenschein. So ist es empfehlenswert, im Laufe des Jahres durch eigene Begegnungen mit Bäumen immer wieder neue Erfahrungen zu sammeln, um die hier genannten zu ergänzen.

Die Botschaft der zwanzig Oghams

Die Birke steht für den Frühling, für Neuanfänge, neue Gelegenheiten, für Reisen in der äußeren oder inneren Welt. Sie rät, sich auf Veränderungen einzustellen, sich spirituell vorzubereiten, alte Denkweisen, Muster oder Hoffnungen hinter sich zu lassen. Sie kündigt die Zeit an, sich bewusst von Einflüssen zu trennen, die nicht hilfreich sind und uns davon abhalten, uns weiterzuentwickeln. Es mag schwierig sein, Altes zu verlieren oder zurückzulassen, aber es gilt, das Neue zu begrüßen und Reinigung zuzulassen. Die Birke galt seit alters her als Baum der Reinigung.

Die Eberesche nimmt schützend und unterstützend Einfluss, übersinnliche Fähigkeiten zu entwickeln, Botschaften zu empfangen und Omen zu lesen. Sie fördert unsere Fähigkeit, Vorwarnungen zu erkennen, und wirkt erweckend und belebend auf unsere Wahrnehmungsfähigkeit. Sie stärkt unsere persönliche Kraft, psychischen Angriffen standzuhalten, und bietet Schutz vor Verzauberung, Unglück und vor allem Bösen.

Die Erle besitzt die schützenden Qualitäten, die ein spiritueller Krieger braucht, um sich mutig in unbekanntes Terrain zu wagen. Die Kraft der Erle hilft, sich Herausforderungen und neuen Situationen zu stellen, die man bisher gemieden hat. Die Erle vereint beide Kräfte auf harmonische Weise: eine feurig-männliche in Verbindung mit einer empfänglich-weiblichen. Die Erle lehrt uns, wann es Zeit ist, mutig voranzugehen, und wann es Zeit ist, zur Ruhe zu kommen, um uns von göttlicher Inspiration leiten zu lassen.

Die Weide verbindet uns mit unseren tiefsten Emotionen, mit unseren verletzten Gefühlen, unserem Schmerz, unserer

Einsamkeit und Trauer. Die Weide möchte uns Mut machen, unsere Gefühle auszudrücken und frei fließen zu lassen. Solange wir im Kummer feststecken, stagniert unser Leben. Die Weide regt unsere Intuition an, um die Botschaft zu erkennen, die in jeder Erfahrung enthalten ist. Wenn wir uns ihrer Kraft öffnen, inspiriert sie uns in unseren Träumen und Visionen. Mit ihrem Lebenswillen ermutigt sie uns, niemals aufzugeben. Denn egal, wie oft man ihre Zweige stutzt, sie treibt sofort wieder aus.

Die Esche streckt ihre Krone weit in den Himmel; ihre Wurzeln reichen tief in die Erde. So vereint sie Sonne und Licht, die Kräfte des Himmels, mit dem Wasser der Erde. Sie steht für schöpferische Kraft, für die Wiedergeburt und für die miteinander verwobenen Kreisläufe des Lebens. Was in einem dieser Kreisläufe geschieht, beeinflusst alle anderen. Gefühle beeinflussen Gedanken, diese wiederum Taten … auch Worte sind wie Samenkörner, die wir ausstreuen, und eines Tages ernten wir das, was wir gesät haben. Die Esche verbindet Vergangenheit, Gegenwart und Zukunft.

Der Weißdorn, hochverehrt als einer der heiligsten Bäume der Kelten, war der großen Weißen Göttin Dana geweiht, der Braut des Sonnengottes Bel. Weißdorn unterstützt und stärkt das Herz, befreit es von Kummer und Gram, schützt es vor böser Absicht und unterstützt uns, belastende Gefühle zu wandeln. Er öffnet das Herz, hilft uns zu verzeihen und lädt uns ein, durch die Liebe spirituell zu wachsen.

Die Eiche weist uns als heiliger Baum der Druiden den Weg zu innerer Stärke, zu Wahrheit, Mut, Ausdauer und Selbstbestimmung. Sie öffnet uns das Tor zu neuer Erkenntnis, stärkt unseren Willen und vertieft unser Vertrauen, auch gegen größte Schwierigkeiten anzukämpfen. Dies birgt die Gefahr, durch Sturheit und Härte im Sturm zu brechen. Ein Innehalten zur rechten Zeit bringt Weisheit und Einsicht.

Die immergrüne Stechpalme, egal ob als Baum oder Strauch, ist ein Symbol für machtvolle Lebenskraft. Sie hilft uns, beide Seiten eines Problems zu sehen, eine ausgewogene Lösung zu finden und eine neue Richtung im Leben einzuschlagen. Sie fördert unsere Bereitschaft zu bedingungsloser Liebe und unterstützt unsere Fähigkeit, in innerer Harmonie und Balance zu leben. Die Stechpalme kann uns lehren, Verständnis und Mitgefühl in uns wachsen zu lassen.

Der Haselstrauch verheißt Träume und Visionen, er verbindet uns mit innerem Wissen und fördert unser intuitives Verständnis. Er hilft, Ideen, Träume und Visionen in der irdischen Welt zu verwirklichen. Mit der Haselnuss zu meditieren, verbindet uns mit der göttlichen Quelle und mit der Essenz unseres Seins. Haselruten leiten Energie wie kein anderes Holz, und sensitive Menschen nutzen sie seit Urzeiten, um Bodenschätze und Wasseradern aufzuspüren.

Stechpalme

Weißdorn, Eiche

Der Apfelbaum mit seinem unglaublichen Reichtum an wunderbaren Früchten steht für überschwängliche und offenherzige Großzügigkeit, für Fülle und Dankbarkeit. Der Apfelbaum zeigt uns, dass wir alles geben können, ohne etwas zu verlieren. Wenn wir auf die Fülle vertrauen, wenn wir offenherzig geben, kehrt alles zu uns zurück. Und wenn wir das, was wir haben, dankbar zu schätzen wissen, wird es sich vermehren. Der Apfel symbolisierte das mythische Apfelland der keltischen Anderswelt, die heilige Insel Avalon.

Die Weinrebe windet sich von Baum zu Baum, nutzt dabei Instinkt und Intuition und zeigt sich äußerst zielgerichtet. Sie verbindet und verwebt Ausdruck und Wesensart Einzelner zu einem großen Ganzen, schadet aber den Bäumen nicht, greift nicht in deren Leben ein, lässt sie ihrer eigenen Bestimmung folgen. Die Weinrebe fördert unser Verständnis für die verschiedenen Ebenen, auf denen wir interagieren, und lässt uns dabei auch die enge Verbindung von Bewusstem und Unbewusstem erkennen.

Der Efeu als immergrüne Pflanze von zäher Lebenskraft überdauert Sommerhitze ebenso wie Eis und Schnee. Verwurzelt in der Erde, Halt suchend auf seinem Weg, klettert er zielstrebig und unbeirrt der Sonne entgegen und zeigt uns so das Verlangen der Seele auf der Suche nach Licht. Um sein Ziel zu erreichen, ist ihm jeder Baum recht. Doch wenn er einmal wächst, hört er nicht mehr auf – selbst wenn der arme Baum im Dunkel seines Laubes erstickt.

Der Besenginster mit seinen goldgelben Blüten war einst dem keltischen Sonnengott Bel geweiht. Besenginster reinigt auf allen Ebenen, innerlich wie äußerlich. Er erinnert uns daran, alles, was jetzt nicht mehr relevant ist, wegzugeben. Als Kehrbesen für Haus und Hof, aber vor allem als Kultbesen, diente er dazu, den spirituellen Raum zu reinigen, bereit zu machen für eine Meditation, ein Ritual oder eine sonstige rituelle Handlung. Besenginster wirkt stimmungsaufhellend, er harmonisiert unsere Aura und unseren Lebensraum.

Die Schlehe, im zeitigen Frühjahr mit unzähligen zarten, weißen Blüten übersät, galt als Feenbusch, vielerorts aber auch als Hexenstrauch. Seine Dornen dienten dem Schadens- und Abwehrzauber, und seine dornigen Zweige über Fenstern und Türen sollten Hexen und Druden fernhalten. So zeigt die Schlehe uns ihre liebliche, zarte, frühlingshafte Seite und gleichzeitig ihr düsteres, furchterregendes und unheimliches Wesen. Die Schlehe fordert uns heraus, immer das ganze Bild zu betrachten, nicht nur den Teil, der uns besser gefällt.

Der Holunder, heiliger Busch der Frau Holle, der Herrscherin über Leben und Tod, nimmt eine besondere Stellung ein. Man glaubte, diese Erdgöttin nehme die Seelen verstorbener Menschen und Tiere mit sich in die Tiefe, von wo aus sie später neu geboren wurden. So steht der Holunder für Transformation, Erneuerung und Regeneration, für den Zyklus des Lebens, das mit dem Tod endet, sich aber immer wieder in einem neuen Zyklus fortsetzt. Er steht an der Schwelle zwischen Diesseits und Jenseits und lässt uns wissen, dass beide nicht wirklich weit voneinander entfernt sind.

Die Tanne, als meist hoher und mächtiger Baum, überblickt große Entfernungen, daher wird ihr Weitsicht und Objektivität zugesprochen. Sie hilft uns, unsere innere und äußere Wahrnehmung so zu schärfen, dass wir jenseits des Gegenwärtigen und Offensichtlichen blicken können. Sie unterstützt uns, den Blickwinkel anderer zu verstehen, und steht uns zur Seite, wenn wir mehr Weitsicht benötigen.

Der Stechginster steht als üppige Bienenweide für den Lohn, der für unermüdliche Arbeit gewährt wird. In keltischen Legenden ist Honig ein Symbol für Weisheit, die wir letztlich erlangen, wenn wir unserem spirituellen Weg achtsam und unermüdlich folgen. Honig ist der süße Lohn der Ernte, der süße Lohn für Fleiß und Unbeirrtheit. Der liebliche Duft des Ginsters ermutigt uns, niemals Glauben und Hoffnung zu verlieren und unsere Ziele stets vertrauensvoll im Auge zu behalten.

Das Heidekraut überträgt Ruhe und Leichtigkeit, fördert Sensitivität und Empathie. Die Zartheit blühenden Heidekrauts kann einen sanften Enthusiasmus in uns aufkeimen lassen, der uns neuen Ebenen unserer Wahrnehmung trauen lässt. Ein Hochmoor voll blühenden Heidekrauts hat eine beruhigende und nährende Qualität, es schenkt uns inneren Frieden und ein Gefühl glücklicher Zufriedenheit. Kleine Zweiglein des blühenden Krauts hat man früher seinen Lieben als Glücksbringer geschenkt.

Das Laub der **Espe** zittert und flüstert im Wind und möchte uns erinnern, auf die leisen Stimmen zu hören, die Botschaften für uns bereithalten: auf die Stimmen der Natur, vor allem aber auf die Stimme unseres Herzens, auf die Stimme unserer Seele. Auf die Stimme, die jenseits unserer Ängste und Zweifel existiert, auf die Stimme, die Wahres in Worte von liebendem Verständnis kleidet. Die Espe zeigt uns, dass es keine Schwäche ist, empfindsam zu sein, und dass wir darauf vertrauen sollten, selbst während heftiger Stürme des Lebens beschützt zu sein.

Die Eibe repräsentierte den kürzesten und dunkelsten Tag im Jahreslauf. Ihr Holz diente magischen Ritualen gleichermaßen wie der Kunst des Wahrsagens, und es hieß, ein Talisman aus Eibenholz wäre jeglichem Zauber gewachsen. Als einer der heiligsten Bäume der Druiden galt die Eibe als Symbol für Tod und Wiedergeburt und stand gemeinsam mit dem Holunder am Tor zur Anderswelt, an der Schwelle zur Ewigkeit. Sie lässt uns wissen, dass jenseits der dunklen Schwelle des Todes bereits das strahlende Licht auf uns wartet.

Eibe

Die Ogham-Hölzer als Orakel benutzen

Durch die Botschaften der einzelnen Bäume erfahren wir Dinge, die uns ansonsten verborgen blieben. Außerdem geben wir damit unseren Helfern aus der geistigen Welt Gelegenheit, auf diesem Weg mit uns zu kommunizieren, da es unsere Aufgabe ist, die Hölzer intuitiv zu interpretieren und zu verstehen. Wenn wir empfänglich werden für Antworten aus geistigen Bewusstseinsebenen, entsteht so etwas wie eine Brücke, über die sich Dialog und Kommunikation entfalten können.

Während sich mit der Zeit unsere Beziehung zu den einzelnen Bäumen immer mehr vertieft, wird uns das Verstehen ihrer Wesensart und Symbolik immer geläufiger. Wenn wir Hölzer ziehen, ist einzig und allein wichtig, sie intuitiv zu wählen. Wenn wir aus einem Beutel ziehen, dürfen wir sie vorher weder sehen noch befühlen. Wir können ein einzelnes Stöckchen als Antwort auf eine einfache Frage nehmen, aber bei einer etwas komplexeren Frage sollten es lieber drei Hölzer sein.

- Bevor Sie beginnen, ziehen Sie sich an Ihren meditativen Ort zurück. Kommen Sie erst einmal zur Ruhe und atmen Sie ein paar Mal tief durch.
- Nun stellen Sie sich vor, dass Sie weißes oder goldenes Licht in Ihr Herz atmen, das beim Ausatmen durch Ihren Körper und die Beine nach unten fließt und am Ende über die Fußsohlen in die Erde strömt.
- Mit den nächsten Atemzügen stellen Sie sich vor, dass aus der Luft, die aus Ihren Fußsohlen strömt, Wurzeln werden, die

tief in die Erde hineinreichen und sich dort immer weiter verzweigen. Fahren Sie damit fort, bis Sie das Gefühl haben, richtig gut geerdet und verwurzelt zu sein.

* Nun stellen Sie sich vor, dass Sie mit jedem weiteren Atemzug weißes oder goldenes Licht in Ihr Herz atmen, das beim Ausatmen durch Ihren Hals und das dritte Auge nach oben fließt und schließlich über das Kronenchakra auf der Oberseite Ihres Kopfes den Körper wieder verlässt. Es ist kein Problem, falls es Ihnen schwerfällt, sich diesen Vorgang visuell vorzustellen. Es reicht aus, innerlich die Absicht zu haben, denn die Energie folgt immer unseren Gedanken.
* Wenn Sie das Gefühl haben, in beide Richtungen gleichermaßen verbunden zu sein, Wurzeln in der Erde und Antennen in der geistigen Welt zu haben, dann formulieren Sie innerlich Ihre Frage. Wichtig ist nur, dass sie einfach und in klaren Worten formuliert wird. Sie kann ein spezifisches Problem betreffen, das gerade in Ihrem Leben aktuell ist, oder Sie versuchen mithilfe des Baumorakels, eine Entscheidung abzuwägen oder bitten um Führung in Ihrer gegenwärtigen Lebenssituation.
* Wenn die Frage ausgedrückt wurde, egal ob innerlich im Stillen oder in gesprochenen Worten, ziehen Sie ein Hölzchen für eine einfache Frage bzw. drei Hölzchen für eine komplexere Frage. Es gibt auch die Möglichkeit, alle Hölzer vor sich auf den Teppich oder auf ein Tuch zu leeren und daraus entweder drei Stöckchen blindlings zu wählen oder die drei Stöckchen zu nehmen, die sich am weitesten von den anderen abgesondert haben.

* Bewahren Sie während des gesamten Vorgangs Ihre zentrierte Haltung, einschließlich Ihrer Wurzeln und Ihrer Antennen in die geistige Welt!
* Von den drei Hölzern, die Sie vor sich hinlegen, repräsentiert das zuerst gewählte den Aspekt des Unsichtbaren, des Vorangegangenen, die Wurzel oder Ursache, das Verborgene, in der Vergangenheit liegende. Das zweite, das Sie oberhalb des ersten platzieren, repräsentiert die materielle Welt. Es zeigt an, was jetzt, in diesem Augenblick, dort gegenwärtig ist. Es repräsentiert auch Ihre derzeitige physische, mentale, emotionale und spirituelle Situation und gibt einen Hinweis auf Ihre manifestierte Kraft. Das dritte Hölzchen, das Sie oberhalb des zweiten platzieren, symbolisiert den Aspekt der Zukunft und der noch offenen Möglichkeiten. Da die Zukunft aus Möglichkeiten und Wahrscheinlichkeiten besteht, ist sie zu diesem Zeitpunkt noch beeinflussbar und wandelbar, denn die Zukunft manifestiert und gestaltet sich im Zusammenspiel mit unseren Absichten und Entscheidungen der Gegenwart.
* Bitten Sie nun um bestmögliche Intuition, Inspiration und innere Führung, was die Deutung und das Verstehen dieser Oghams, dieser drei Bäume betrifft. Ergänzen Sie die hier gegebenen Informationen mit Ihren persönlichen, individuellen Erfahrungen, die Sie im Jahreslauf gesammelt haben. Und seien Sie offen für spontane innere Bilder, für Ideen, Erinnerungen … für alles, was sich zeigt und Ihnen einfällt, auch wenn es nicht sofort einen Sinn ergibt. Machen Sie sich Notizen, lassen Sie alles erst einmal sacken und schlafen Sie

darüber. Das Unterbewusstsein wird alles aktivieren und nach oben bringen, was es nur finden kann, und deshalb sollten Sie auch auf Ihre Träume achten. Falls ein Traum Angst auslöst, verwirrend oder unklar erscheint, ist es oft besser, nicht nach deutbaren Symbolen zu suchen, sondern das Gefühl zu hinterfragen, das der Traum ausgelöst hat. In sich hineinzuspüren, wann und in welcher Situation man dieses Gefühl schon erlebt hat, mit wem man zusammen war, was da passiert ist und warum man dieses Ereignis möglicherweise verdrängt hat … Wenn keine Antworten kommen, ist es entweder nicht so wichtig oder noch nicht der richtige Zeitpunkt, um Genaueres zu erkennen.

Die Hellsicht der weisen Frauen

Zu all den verschiedenen Möglichkeiten, in die Zukunft zu schauen, gehörte früher auch die Befragung weiser Frauen. Es gab immer schon hellsichtige und hellfühlige Menschen, und meistens waren es die Frauen, die Vorahnungen hatten oder bestimmte Dinge im Voraus sehen konnten. Es waren ja auch die Frauen, die die Seelen begleiteten, die vertraut waren mit den Mysterien von Tod und Geburt. Sie brachten die Kinder zur Welt, pflegten die Alten und Kranken, bereiteten die Toten auf ihren letzten Weg vor und kannten die Geheimnisse der Natur und die Heilkraft der Pflanzen. Und sehr oft konnten sie hinter den Schleier blicken, der Diesseits und Jenseits voneinander trennt.

So war es nicht ungewöhnlich, sich Rat zu holen bei denen, die mehr wussten oder sehen konnten oder die Kunst der Weissagung oder Orakelbefragung beherrschten, die das Unheil bannten und das Glück beschworen. Natürlich hatten diese Frauen eine gewisse Macht, was so manchem Mann, vor allem aber der Kirche und den Priestern, ein Dorn im Auge war. Sie fürchteten sich vor dieser Macht, auch weil sie vermuteten, dass diese Frauen ihre Macht missbrauchen könnten. So kam es zu Gerüchten, zu üblen Unterstellungen, Verleumdungen und zur Verfolgung dieser Frauen. Man schob ihnen die Verantwortung für jegliches Unheil zu: für Unwetter und Missernten, für Tierseuchen, Brände, Verwünschungen und Verhexungen. Tausende von Frauen wurden zwischen dem 14. und 18. Jahrhundert grausam gefoltert und auf Scheiterhaufen verbrannt. Mit ihnen wurde ein Großteil des jahrhundertealten Wissens und magischen Erbes ausgelöscht.

Zwölf Nächte – zwölf Monate

Jede einzelne Rauhnacht, die immer von Mitternacht bis Mitternacht zählt, steht für den entsprechenden Monat des kommenden Jahres, also entspricht die erste Rauhnacht beispielsweise dem Januar. Alles, was während dieser 24 Stunden geschah, galt früher als ein Omen, als ein Vorzeichen für diesen kommenden Monat. So wurde alles genau beobachtet und aufgezeichnet: Was man in der Nacht geträumt hatte, mit welchem Gefühl man mor-

Mystischer Morgennebel

gens aufwachte, wie das Wetter war, welche Nachrichten man erhielt und was man sonst an diesem Tag tat oder erlebte. Wenn Sie die Rauhnächte ganz besonders bewusst erleben wollen, können Sie diesen Brauch wieder aufleben lassen.

Kräfte sammeln

Schon durch die Rituale der Rückschau, des Räucherns und der Meditation werden Ihnen in der Zeit der Rauhnächte neue Kräfte zufließen. Wenn Sie sich auf sich selbst besinnen, Störungen ausschalten und in diesen Tagen jede Hektik vermeiden, ist allein das schon eine große Quelle der Kraft.

Doch Sie können noch mehr tun: Gehen Sie in die Natur, besuchen Sie Ihren Kraftort, halten Sie sich eine Weile dort auf und verbinden Sie sich mit der Schöpfung. Vertrauen Sie auf die

Kraft von Wünschen, Anrufungen und Gebeten. Und wenn Sie möchten, vertiefen Sie all das noch durch ein kleines Opferritual.

Die Kraft des Wünschens

Diese Kraft sollte niemals unterschätzt werden. Dabei geht es aber nicht darum, was man »haben will«, sondern um wirkliche Herzenswünsche: Wünsche, die uns ein ganz starkes inneres Bedürfnis sind. Wir müssen unterscheiden lernen zwischen echten inneren Bedürfnissen und Motivationen, die eher einer gewissen Gier entspringen, auch wenn wir das nicht gerne zugeben möchten. »Wollen« ist nicht das Gleiche wie »Wünschen« und natürlich ist das Universum kein Bestellservice, durch den man sich nach Belieben bedienen lassen kann. Unsere Ahnen sahen es als ein Geschenk, als eine Gnade, wenn ihre Bitten erhört wurden und ihre Wünsche sich erfüllten. Natürlich müssen wir uns auch »wert« fühlen, etwas zu empfangen, denn sonst kann uns die Erfüllung nicht erreichen. Deshalb ist das rechte Maß wichtig: Sich etwas wünschen, um etwas bitten, sollte niemals fordernd, sondern in eher bescheidener Manier erfolgen. Gleichzeitig ist es wichtig, an die mögliche Erfüllung zu glauben und dafür offen zu sein.

Und wenn die Bitte erhört wurde oder der Wunsch sich erfüllt hat, sollten wir immer auch unsere Dankbarkeit ausdrücken.

Für unsere Ahnen war das selbstverständlich, und das ist der Grund, warum wir auch heute noch an so vielen Orten wie Kirchen und Kapellen, Mariengrotten und heiligen Quellen Votivgaben vorfinden, die davon erzählen, auf welch wundertätige Weise die Hilfe erfolgte.

Wünsche und Ziele dürfen wir immer haben, auch wenn noch nicht erkennbar ist, ob sie irgendwann Wirklichkeit werden können. Doch sollten wir nicht enttäuscht sein, wenn sie sich nicht verwirklichen. Wir können sie aussenden, aber ob und wann sie sich erfüllen, liegt nicht in unserer Macht.

Voraussetzung für unseren Wunsch muss immer sein, dass durch ihn kein anderes Wesen zu Schaden kommt. Auch sollten unsere Wünsche niemals selbstsüchtig sein, wie z. B. Reichtum oder Macht, aber sich Gesundheit zu wünschen oder die Entfaltung des ureigensten Potenzials, das ist absolut legitim.

Da wir nicht das Recht haben, ungefragt in den Lebensweg eines anderen Menschen einzugreifen, sollten wir in Ritualen nicht ohne ausdrückliche Erlaubnis, konkrete Wünsche für einen anderen Menschen aussprechen. Es gibt natürlich Ausnahmen, wenn z. B. jemand im Koma liegt oder bewusstlos ist und nicht gefragt werden kann. Dann kann der Bitte um Heilung folgender Satz angehängt werden: »Möge dies geschehen, sofern es sich im Einklang befindet mit dem göttlichen Willen und Plan.«

Anrufungen und Gebete

Um Gottheiten oder Heilige anzurufen, Gebete zu sprechen oder um Wünsche und Bitten auszusenden, gibt es keine festen Regeln. Unsere Ahnen nutzten früher oft besondere Orte in der Natur, z. B. unter alten Bäumen oder an heiligen Quellen. Später ging man meist in eine Kirche oder Kapelle oder betete zu Hause im Herrgottswinkel oder am Hausaltar. Lassen Sie sich ganz

Alter Lindenbaum

von Ihrer eigenen Intuition leiten. Für den einen mag unter einem alten Baum der rechte Platz sein, für andere vielleicht auf einer einsamen Waldlichtung, in einer kleinen Kapelle oder zu Hause im Schutz des eigenen meditativen Platzes.

Anrufungen dienen dazu, Gottheiten oder Heilige zu bitten, uns zu erhören, um uns zu helfen oder um uns auf unserem Weg zu begleiten und zu beschützen. Zu christlichen Zeiten wurden ganz besonders häufig die Schutzheiligen angerufen; sie wurden auch als Nothelfer bezeichnet und ihre Zuständigkeit für bestimmte Anliegen führte man auf ihre überlieferte Lebensgeschichte zurück. So war z. B. der heilige Blasius für Halskrankheiten zuständig, die heilige Ottilia für Augenkrankheiten und der heilige Antonius, wenn man etwas verloren oder verlegt hatte.

Spontane Anrufungen konnten sein: »Heilige Mutter Maria bitt für uns!« oder »Gott Vater, Gott Sohn und Heiliger Geist!« Dazu wurden blitzschnell drei Kreuze geschlagen. Auch einzelne Heilige wurden mit Namen angerufen und dem Zusatz »bitt für uns«.

Gebete sind dagegen direkt an Gott gerichtet. Früher wurden sie an eine der vielen Gottheiten gerichtet, denen man eine bestimmte Zuständigkeit zugedacht hatte, und je nach Anliegen wählte man die Gottheit aus, zu der man beten wollte.

Ursprünglich formulierten die Menschen ihre Gebete mit ihren eigenen Worten selbst, später entstanden dann unzählige Gebete, die zum Nachsprechen gedacht waren. Das häufigste Gebet, auch als Schutzgebet, war und ist wohl in unseren Breiten das Vaterunser.

Bannen und segnen

Die alten, überlieferten Bann- und Segenspraktiken beruhen auf einem Weltbild von »gut« und »böse« innerhalb der sichtbaren und unsichtbaren Welt. Da sich die Menschen ständig im Spannungsfeld zwischen diesen beiden Kräften erlebten, versuchten sie, möglichst viel von der guten, ihnen günstig erscheinenden Seite zu bekommen und zu behalten. Und weil sie ihre eigenen Möglichkeiten als zu begrenzt empfanden, versuchten

Bann- und Segenszeichen

sie durch Segnen, Bitten und Beschwören die Gunst der guten Mächte zu erlangen. Wenn das gelang, versuchten sie, die Gunst durch eine Gabe, einen Segen zu bewahren. Noch heute finden sich unzählige Opfer- und Votivgaben an heiligen Quellen, in heiligen Höhlen und Grotten, in Kirchen und Kapellen.

Die negativen Mächte versuchte man fernzuhalten oder abzuwehren, und nutzte Bannsprüche und Bannzeichen wie Kreuze, den Drudenfuß/das Pentagramm, die offene, nach vorn gestreckte Hand mit gespreizten Fingern, Abbildungen gehörnter Tiere wie Widder, Stier oder Hirsch und nagelte auch deren Hörner und Geweihe zur Abwehr böser Mächte über die Haus- und Stalltüren.

Gegen Krankheiten, bösen Zauber und sonstiges Unglück gab es spezielle Bannsprüche, die streng geheim gehalten wurden, da sie sonst ihre Kraft und Wirkung verloren. Sie wurden meist innerhalb der Familie weitergegeben, und zwar nur »übers Kreuz«, also immer an eine Person des anderen Geschlechts, die jünger sein musste als der Übergeber, der damit seine Kraft verlor.

Manchmal rief man zur Verstärkung auch noch Gottheiten an, zu christlichen Zeiten wandte man sich an die entsprechenden Heiligen und betete am Ende eines jeden Bannrituals mehrere Vaterunser. Oft bekam aber auch der Behandelte die Anweisung, eine bestimmte Anzahl Vaterunser zu beten, denn so war er mit ins Geschehen eingebunden und für die Genesung selbst mitverantwortlich.

Ein beliebtes Bannwerkzeug aus der alten germanischen Volksmagie waren kleine Gebinde von sieben Zweigarten.

Dafür band man um einen Haselstecken Zweige von Stechpalme, Kiefer, Tanne, Buchs, Efeu und Wacholder. Diese Gebinde bewahrte man im Herrgottswinkel, hängte sie über Türen und Ehebetten, in den Stall und auf den Dachboden. Sie sollten Schutz bieten vor Blitzschlag und Feuer und auch sonst jegliches Unheil vom Haus und seinen Bewohnern fernhalten. Vielleicht haben Sie Lust, dieses Bannritual während der Rauhnächte durchzuführen? Dann sollten Sie die entsprechenden Zweige unterm Jahr sammeln und während der Rauhnächte in ihrem Haus aufhängen.

Ein kleines Opferritual

Schon im alten Griechenland herrschte die Vorstellung, dass in jedem Baum eine Gottheit lebte und dass die verschiedenen Pflanzenarten von bestimmten Göttern erschaffen wurden. Auch viele andere Kulturen kannten die noch heute gültige Annahme bezüglich der magischen Kräfte von Pflanzen.

So war es auch für unsere Vorfahren üblich, auf kleinen Altären unter Weißdorn- und Hollundersträuchern kleine Opfergaben bereitzustellen. Manchmal hängte man auch Körbchen mit Gebäck, Nüssen und Früchten in die Zweige. Es ist aber nicht die Menge, die zählt, sondern unsere Absicht und der gute Wille. Kleine Gaben an die Naturgeister stimmen sie fröhlich und wohlgesinnt. Sie nähren sich an der Energie und Lebenskraft unserer Gaben, deshalb sollten wir diese Gaben niemals willkürlich, sondern liebevoll und mit Bedacht auswählen und darbieten. Meist ist unser Gabentisch am anderen Tag leer, da sich auch die Tiere über unsere Aufmerksamkeiten freuen.

Opfergaben

Dieses kleine Ritual können Sie während der Rauhnächte täglich wiederholen.

Kreativ werden und Gutes verschenken

Die Zeit der Rauhnächte ist seit alters her nicht nur eine Zeit der Wünsche für uns selbst, sondern auch der guten Wünsche für andere. Oft wurden diese Wünsche mit einem kleinen Geschenk verbunden. Wenn Sie also in der Zeit der Rauhnächte kreativ werden wollen, entsteht dabei vielleicht das eine oder andere Geschenk …

Brotbacken – nicht einfach nur so

Ein beliebtes Geschenk zum neuen Jahr waren früher Brotringe, die ein gutes Omen sein sollten. Ein Ring galt ebenso wie ein Kranz als Symbol für das Ewige, niemals Endende. Und so wurden die verschenkten Brotringe mit dem guten Wunsch verbunden, dass das Essen im neuen Jahr niemals ausgehen möge. Falls Sie Lust verspüren, diesen alten Brauch wieder aufleben zu lassen, finden Sie hier ein einfaches Rezept.

Brotrezept

Zuerst müssen Sie den Sauerteig herstellen. Dazu verrühren Sie 50 Gramm fein gemahlenes Roggenvollkornmehl mit lauwarmem Wasser zu einem dickflüssigen Brei und stellen diesen Ansatz für drei Tage zugedeckt an einen

Brotringe

warmen Ort. Der Sauerteig ist fertig, wenn er viele kleine Bläschen gebildet hat und säuerlich riecht. Den restlichen Sauerteig können Sie in einem geschlossenen Gefäß kühl aufbewahren und für den nächsten Ansatz verwenden, der dann schon nach kürzerer Zeit fertig ist.

Für den Teig benötigen Sie insgesamt 900 Gramm Vollkornmehl, entweder nur Roggen oder zur Hälfte Dinkelmehl.
Aus 600 Gramm Mehl, 400 ml lauwarmem Wasser und 3 Esslöffeln Sauerteig kneten Sie den Vorteig und lassen ihn zugedeckt an einem warmen Ort für 8 bis 10 Stunden ruhen.
Anschließend geben sie ihn auf ein bemehltes Backbrett, geben 2 Teelöffel Salz und nach Belieben Brotgewürz dazu und arbeiten weitere 250 Gramm Mehl in den Teig ein, damit er griffig wird und sich in vier Teigstränge formen lässt, die Sie in gleich große Stücke schneiden, noch mal dünner ausrollen und dann zu Ringen zusammendrücken. Die Ringe legen Sie auf ein gefettetes Backblech, pinseln sie vorsichtig mit Wasser ein und lassen sie noch mal für 2 bis 3 Stunden gehen.
Heizen Sie den Backofen auf 220 Grad vor und schalten Sie die Temperatur beim Einschieben auf 200 Grad zurück.
Die Backzeit beträgt etwa 20 bis 30 Minuten, je nach Größe der Ringe.

Erwähnenswert ist, dass das Brotbacken insgesamt als magisch-religiöses Ritual ablief. Der Teig wurde am Vortag angesetzt, und schon während des Teigknetens wurden Sprüche rezitiert oder gebetet, dass die Brote gelingen mögen und alle satt werden. Beim Einschieben in den Ofen hieß es dann: »Brot, mög das Feuer dich backen und Gott dich segnen.« Zu Festtagen wurden Symbole wie z. B. Kreuze ins Brot geritzt oder aus dünnen Teigwülsten aufgelegt. Wurde ein solcher Brotwecken verschenkt, z. B. zum Neujahrstag, sollte er dem Beschenkten Glück und Segen bringen und als gutes Omen dienen, dass er im kommenden Jahr immer genügend zu essen hätte. Brot galt grundsätzlich als etwas Heiliges und wurde vor dem Anschneiden bekreuzigt. Nie hätte man ein hartes Stück Brot weggeworfen; es wurde in Milch eingeweicht oder zu Brotsuppe verarbeitet.

Amulette und Talismane herstellen

Als Schutzamulette dienten unseren Ahnen häufig Tierzähne und -krallen, weil Kraft und Eigenschaften des betreffenden Tieres angezogen und übertragen werden sollten. Talismane waren in erster Linie Glücksbringer, oft aus Stein oder Metall, aber manchmal auch aus Holz. Sie wurden am Körper getragen, unters Kopfkissen oder Bett gelegt, in den Rocksaum eingenäht oder im Geldbeutel mitgeführt. Oft waren es nicht wirklich kostbare Dinge, sie hatten aber einen speziellen emotionalen Wert, wie z. B. eine Münze, ein Marienbild, ein Sträußchen Heidekraut, ein Ring oder kleines Medaillon … Geschenke von geliebten Menschen, die Glück und Segen bringen sollten, wie heutzutage noch vierblättrige Kleeblätter oder Glückspfennige.

Natürliche Lochsteine

Amulette waren zum Schutz vor Krankheitsdämonen und bösem Zauber bestimmt, sollten aber auch alle sonstigen Gefahren abwehren. Da sie etwas sehr Persönliches waren, wurden sie dem Träger meist mit ins Grab gegeben, auch sollte seine Seele so über den physischen Tod hinaus beschützt sein.

Ein Talisman wurde zuweilen auch, wenn es dem Ende entgegenging, an eines der Kinder oder Enkel weitergereicht, als eine Art Vermächtnis für Glück und ein segensreiches Leben.

Ein persönliches Amulett

Falls Sie bereits ein kleines Medaillon besitzen oder einen anderen Anhänger, der sich befüllen lässt, können Sie sich überlegen, was Sie gerne hineingeben möchten. Ein winziges Stück heiligen Holzes wie Eiben-, Weißdorn-, oder Holunderholz? Zerriebene magische Schutz- oder Heilkräuter wie Engelwurz, Eisenkraut, Beifuß oder Frauenmantel? Ein Bild Ihres schamanischen Totems oder ein kleines Schutzengelbild?

Dies sind nur ein paar mögliche Beispiele. Wählen Sie intuitiv etwas, das sich richtig und stimmig für Sie anfühlt. Fragen Sie andere nicht nach Ihrer Meinung, denn dieses Amulett muss einzig und allein für Sie passen und für niemand anderen. Gerade in der Zeit der Rauhnächte sind Sie Ihrer inneren Stimme womöglich näher als jemals sonst.

Um selbst Amulette herzustellen, eignen sich vor allem Hölzer, vorzugsweise Eibe, Weißdorn, Eberesche und Holunder. Sie können das Amulett aus einem flachen Holzstückchen schnitzen, abschmirgeln und polieren, um es als Anhänger um den Hals zu tragen, oder Sie geben es zusammen mit anderen Dingen wie kleinen Edelsteinen, zerriebenen Kräutern, getrockneten Wurzelstücken oder einem Gebetsbriefchen in einen kleinen Medizinbeutel. Den können Sie am Gürtel tragen, übers Bett hängen, unters Kopfkissen legen … folgen Sie einfach Ihrer Intuition.

Medizinbeutel

Natürlich können Sie auch mehrere Medizinbeutel kreieren, z. B. einen, den Sie immer bei sich tragen, und noch ein paar weitere für die Wohnung. Und Sie können sie mit einem guten Wunsch durchaus auch verschenken. Diese Säckchen können Sie ganz einfach von Hand zusammennähen; verwenden Sie dafür natürliches Material wie Leinen oder dünnes Leder. Nach dem Befüllen wird das Säckchen fest zugebunden. Wenn Sie es um den Hals tragen möchten, muss noch ein Lederband unter der Schnürung befestigt und mit Kleber fixiert werden.

Bevor Ihre Amulette und Talismane zum Einsatz kommen, müssen sie ihrer Bestimmung übergeben werden. Dazu braucht es keine große Feierlichkeit, aber eine bewusste rituelle Handlung. Überlegen Sie, was Sie sich von Ihrem Talisman als Glücksbringer wünschen und erwarten. Machen Sie sich ein paar Notizen, schlafen Sie drüber und prüfen Sie Ihre Wünsche und Erwartungen noch einmal. Wenn nötig, ändern oder ergänzen Sie Ihre Worte.

Das Gleiche machen Sie mit Ihrem Amulett. Wovor soll es Sie schützen und bewahren? Machen Sie sich Notizen und prüfen Sie am nächsten Tag, ob Sie Ihre Wünsche und Anliegen richtig und vollständig formuliert haben. Ändern oder ergänzen Sie Ihre Worte.

Wenn Sie sich sicher sind, dass alles passt und vollständig ist, zünden Sie an Ihrem Meditationsplatz eine Kerze an und beginnen mit einer Räucherung. Verteilen Sie mit Ihrer Feder den Rauch im Raum, und räuchern Sie dann sich selbst, Ihren Talisman und Ihr Amulett ab. Stimmen Sie sich auf die nun folgende

Handlung ein und halten dabei den Talisman oder das Amulett zwischen Ihren geschlossenen Handflächen. Atmen Sie ganz ruhig tief ein und aus, und wenn Sie sich innerlich zentriert und verbunden fühlen, sprechen Sie Ihre Worte der Bestimmung: Hiermit übergebe ich dich deiner Aufgabe …

Warten Sie am Ende einige Augenblicke, danken Sie für die Unterstützung, die Sie erfahren werden, und geben Sie Talisman oder Amulett an den vorgesehenen Platz. Wenn Sie mehrere Objekte ihrer Bestimmung übergeben möchten, machen Sie dies nacheinander mit Ihren ganz persönlichen, individuellen Worten.

Magischen Schmuck selbst herstellen

Falls Sie Lust verspüren, sich Ihren eigenen, ganz individuellen magischen Schmuck zu gestalten, verwenden Sie am besten Holunderholz. Ein Zweig wird zuerst etwas vorgetrocknet, dann

Holunderperlen

in entsprechende Scheiben für die späteren Perlen geschnitten, und nach weiterem Trocknen kann das innere Mark leicht herausgebohrt werden. Mit einem scharfen Messer werden sämtliche Kanten abgerundet, und damit die trockene Rinde später nicht auf der Haut kratzt, empfiehlt es sich, die Rinde zu entfernen und die Oberflächen der einzelnen Perlen mit sehr feinem Sandpapier glatt zu schmirgeln.

Mit Leder- oder Baumwollbändern können Sie nun Armbänder oder Halsketten auffädeln, auch zusammen mit anderen Materialien wie z.B. Wurzelstücken, Federn, Samenkapseln, Hornspitzen, Stein- oder Glasperlen.

Und natürlich kann auch solch ein Schmuck als Talisman oder Amulett dienen und in einem kleinen Ritual seiner zugedachten Bestimmung übergeben werden.

Auch die roten Vogelbeeren, die im Herbst reifen Früchte der Eberesche, eignen sich wunderbar, um daraus Ketten und Armbänder herzustellen. Fädeln Sie die frischen Früchte auf einen dicken Baumwollfaden, solange sie noch weich sind. Im trockenen Zustand lassen sie sich dann sehr schön zu Ketten und Armbändern verarbeiten.

Die Eberesche war bei den Druiden hochgeschätzt, denn sie sollte vor psychischen Angriffen schützen, übersinnliche Fähigkeiten unterstützen und die persönliche Kraft stärken.

Anfertigen eines Kultbesens aus Birkenreisig

Eigentlich war die Birke von jeher dem Frühlingskult zugeordnet, sie fand aber auch in der »Besenmagie« und im »Abwehrzauber« Anwendung.

Besen aus Schilf und Birkenreisern

In manchen Gegenden wurden die Felder im Frühling mit Birkenbesen gestrichen, während man gleichzeitig Segensformeln sprach, um das Wachstum anzuregen. Auch bei Mensch und Tier strich man bisweilen kräftig mit einem Birkenbesen am Körper entlang, um ihn von den Übeln zu befreien, die ihm ein anderer »angehängt« hatte.

Traditionell wurden Besen in früheren Zeiten aus Birkenruten hergestellt, in manchen Gegenden aber auch aus Schilf oder Stroh. Zu Zeiten, als es noch keine Staubsauger gab, war es üblich, Haus und Hof mit Besen auszukehren, zum einen, um sie zu säubern, zum anderen aber auch, um Geister und Dämonen zu vertreiben. Viele alte Besenbräuche sind bekannt, deshalb spricht man mitunter auch von »Besenmagie«. So wie die Hasel als »Lebensrute« das gute Gedeihen fördern sollte, so war der Birkenbesen zusätzlich auch noch für den »Kehraus« bestimmt und sollte beim »Abwehrzauber« gegen alles Dämonische und Schadenbringende wirksam sein. Es hieß, dass Besen, die während der zwölf Rauhnächte gefertigt wurden, die besten, wirkungsvollsten und dauerhaftesten wären. Zum Abwehrzauber legte man sie kreuzweise in die Ecken der Felder und stellte sie außerdem vor Haus- und Stalltüren. In manchen Gegenden wurde mit Besen um die Felder geritten, um unerwünschte Eindringlinge wie Diebe, Mäuse oder auch Ungeziefer fernzuhalten.

Um einen Besen aus Birkenreisig anzufertigen, nehmen Sie einen kräftigen, gerade gewachsenen Ast, z. B. von einem Haselstrauch. Außerdem ein dickes Bündel von Birkenreisig, von dem Sie ca. 50 bis 60 cm lange Ruten schneiden. Achten Sie schon im Jahresverlauf darauf, wo Bäume gefällt oder zugeschnitten werden, um sich von dort die Zweige für Ihren Birkenbesen zu sichern.

Der fertige Besen sollte Ihnen etwa bis zur Schulter reichen. Nachdem Sie die Seitentriebe vom Besenstiel entfernt haben, spitzen Sie das untere Ende etwas zu, stecken es in die Mitte Ihres Reisigbündels und befestigen das Ganze, indem Sie es mehrfach mit kräftiger Hanfschnur oder mit Draht umwickeln. Früher hat man dafür frische Weidenrinde verwendet, denn während sie trocknete und schrumpfte, hielt sie die Ruten immer fester zusammen. Kommen Sie aber bitte nicht auf die Idee, eine Weide ihrer Rinde zu berauben, sie würde daran zugrunde gehen!

Eine Collage für die Rauhnachtszeit

Falls Sie etwas künstlerisches Talent und Spaß am Sammeln haben, können Sie bereits das Jahr hindurch die verschiedensten Dinge auf dekorative Art zu einer Collage zusammenfügen und arrangieren. Alles, was für Sie einen Bezug zu den Rauhnächten hat, egal ob Hölzer für Talismane und Amulette, Federn für Schmuck oder Federfächer, Steine für Schmuck oder Tierorakel, Pflanzen und Harze zum Räuchern, Bilder, Geschichten, Fotos, Gedichte, Düfte oder Rezepte … lassen Sie sich inspirieren, was für Sie so alles in diese Zeit passt.

Arrangieren Sie alle Fund- und Sammelstücke auf kreative Weise. Bestimmt werden Sie viele ungewöhnliche Ideen haben und mit großer Vorfreude auf die zwölf heiligen Nächte warten!

Ritualplatz in der Natur

Zwölf heilige Nächte – ein Wegweiser

Anregungen für die individuelle Gestaltung der zwölf Rauhnächte

Von den ursprünglichen Rauhnachtsbräuchen ist leider nicht allzu viel bekannt, da sie immer nur mündlich überliefert wurden. Lesen und schreiben konnten lange Zeit nur Adelige, Mönche und Nonnen, aber die saßen in ihren Klöstern, wollten von derlei heidnischen Bräuchen nichts wissen und versuchten eher, dagegen anzukämpfen.

Erste Rauhnacht, 25. Dezember

Beginnen Sie die Rauhnächte mit einer Räucherung, atmen Sie den Duft der Kräuter und Harze ein und beobachten Sie den Rauch. Vielleicht können Sie sehen, wie sich im Rauch Gestalten und Formen bilden, vielleicht empfangen Sie Ahnungen oder auch Bilder.

Räuchern kann die Wahrnehmung innerer Bilder, Visionen und Träume verstärken. Das wussten die Menschen in allen alten Kulturen und räucherten deshalb immer vor und auch während ihrer Rituale, um Visionen und Vorzeichen zu empfangen. Während Zeiten der Ruhe und Stille sind wir unserem Unbewussten und unserer Seele näher, wir sind empfänglicher als in Zeiten aktiven Lebens, wenn unser Verstand dominiert und unser Fokus im Außen liegt.

Der alte Brauch, zu den Rauhnächten Haus und Stall auszuräuchern, hat sich bis heute auf dem Land erhalten, und obwohl oft erst am 6.Januar, am Dreikönigstag, geräuchert wird, spricht nichts dagegen, während jeder der heiligen Nächte zu räuchern,

zur Einstimmung, zur Meditation und als Teil der jeweiligen Rituale oder rituellen Handlungen, die Sie in dieser Zeit durchführen werden.

Haben Sie bereits für Ordnung gesorgt, aufgeräumt und entrümpelt? Falls nicht, ist das heute die erste und wichtigste Aufgabe. Denn Unordnung zieht weitere Unordnung an, sie lässt unsere Gedanken abschweifen und verhindert eine klare Haltung und Ausrichtung.

Bedenken Sie, dass alles, was in diesen zwölf heiligen Nächten geschieht, als ein Same für den jeweiligen Monat des kommenden Jahres betrachtet werden kann. Es liegt ganz in unserer eigenen Entscheidung und Verantwortung, welche Samen wir aussäen, und ob wir sie nähren oder auch nicht.

Planen Sie die kommenden Tage. Nehmen Sie sich für jeden Tag etwas vor: eine Affirmation, einen Medizinbeutel, ein Amulett, magischen Schmuck, eine spezielle Räuchermischung … schöpfen Sie aus den Anregungen in diesem Buch.

Gehen Sie in die Natur. Nehmen Sie Kontakt auf mit sich selbst, Ihrem Inneren und mit allem, was um Sie herum lebt.

Notieren Sie die Ereignisse des Tages. Waren Sie draußen in der Natur, welche Gedanken und Gefühle sind aufgetaucht, wie war die körperliche Verfassung? Halten Sie abends vor dem Einschlafen immer eine Rückschau auf den Tag.

Zweite Rauhnacht, 26. Dezember

Notieren Sie gleich am Morgen nach dem Aufwachen Ihre Träume oder, falls Sie sich nicht erinnern, Ihre Gedanken und Gefühle beim Aufwachen. Heute ist Stephanstag, der Tag, an dem es früher Umritte zu Ehren der Ahnen gab. Vielleicht möchten Sie heute Ihrer Ahnen, Ihrer Vorfahren gedenken? Dazu können Sie natürlich auf den Friedhof gehen, Sie können aber auch zu Hause eine Kerze anzünden, sich alte Familienfotos ansehen, einen alten Stammbaum oder das Familienstammbuch heraussuchen. Und vielleicht möchten Sie einfach ein paar

Worte der Achtung und Dankbarkeit an Ihre Vorfahren richten, weil Sie ihnen Ihr Leben verdanken. Egal, ob Sie sich an sie erinnern oder sie vielleicht gar nicht gekannt haben: Haben Sie keine Scheu, so mit ihnen zu sprechen, als wären sie anwesend.

Heute ist der Tag des Rückblicks. Nicht nur auf das vergangene Jahr, sondern auf das gesamte bisherige Leben. Der heutige Tag möchte uns die Chance bieten, ins Reine zu kommen. Heute können wir Unerledigtes abschließen, indem wir all denen verzeihen, die uns verletzt haben. Und wir können selbst diejenigen um Verzeihung bitten, denen wir Unrecht getan haben. Dies muss nicht unbedingt persönlich geschehen, wir können unsere Worte des Vergebens und unsere Bitte um Verzeihung auch auf ein Zettelchen schreiben, das wir zwischen unseren Handflächen halten, während wir darum bitten, dass sich all die alten Unstimmigkeiten und Ärgernisse nun auflösen mögen, um endlich Ruhe und Frieden einkehren zu lassen. Feuer ist das Element der Transformation und Läuterung. Wenn Sie alles ausgesprochen haben, was Ihnen am Herzen lag, dann geben Sie das Zettelchen in die Glut Ihrer Räucherschale und lassen Sie es dort verbrennen, auf dass Vergebung und Frieden einkehren mögen.

Überlegen Sie sich eine kreative Aufgabe für den heutigen Tag. Haben Sie die Ogham-Symbole schon in Ihre Hölzer geritzt? Oder möchten Sie lieber das Tierorakel bemalen? Führen Sie Tagebuch und halten Sie vor dem Einschlafen eine Rückschau auf den Tag.

Winterstimmung (Freilichtmuseum Glentleiten, www.glentleiten.de)

Dritte Rauhnacht, 27. Dezember

Machen Sie Ihre morgendlichen Notizen zu Ihren Träumen, Gedanken und Gefühlen. Falls Sie zum neuen Jahr Brotringe backen und verschenken möchten, können Sie schon heute den Sauerteig ansetzen. Aber natürlich können Sie sich auch bei einem Bäcker ein bisschen Sauerteig besorgen.

Gehen Sie hinaus in die Natur, erleben Sie das Schauspiel am Winterhimmel, das zu dieser Jahreszeit besonders eindrucksvoll zu erleben ist.

Genießen Sie die Zeit der Meditation an Ihrem Ort der Ruhe. Und wählen Sie selbst, womit Sie diesen Tag sonst noch verbringen möchten. Haben Sie die Steine für Ihr Runenorakel schon bemalt? Möchten Sie es vielleicht heute zum ersten Mal ausprobieren? Vielleicht haben Sie Lust, vorher noch zu räuchern?

Schreiben Sie am Ende des Tages Ihre Beobachtungen und Empfindungen nieder, welche Tiere Ihnen draußen in der Natur begegnet sind, was Sie gerade am meisten fasziniert oder etwas, das ganz neu für Sie ist … einfach alles, was Ihnen an diesem Tag begegnet und aufgefallen ist. Kurz vor dem Einschlafen können Sie die Bilder und Gefühle dieses Tages noch einmal vor dem inneren Auge an sich vorbeiziehen lassen.

Vierte Rauhnacht, 28. Dezember

Heute ist der »Tag der unschuldigen Kindlein«, ein kirchlicher Feiertag. Doch bereits in den alten Überlieferungen wird von den Kinderseelen berichtet, die zum »Wilden Heer« der Perchta

gehören und mit ihr über den Himmel jagen. Denn nach dem alten Glauben wacht Perchta/Frau Holle in einem tiefen unterirdischen Brunnen über diese Seelen, bis ihre Zeit gekommen ist, wiedergeboren zu werden.

Zu Ehren von Frau Holle hat man ihr früher kleine Opfergaben unter den Hollerbusch gestellt oder in die Zweige gehängt. Vielleicht haben Sie Lust, ein kleines Ahnenritual unter einem Holunderbusch durchzuführen, um Ihre Dankbarkeit auszudrücken, dass Sie durch die Liebe und Fürsorge Ihrer Vorfahren in dieses Leben geboren wurden und zu dem Menschen werden konnten, der Sie heute sind. Finden Sie Ihre eigenen Worte. Da wir im Herzen mit unseren Ahnen verbunden sind, können wir an jedem Ort, der uns passend erscheint, mit ihnen sprechen.

Erwarten Sie keine Antwort, vertrauen Sie einfach nur darauf, dass niemals ein Wort ungehört verhallt, genauso wie bei einem Gebet. Denn jetzt ist der Schleier besonders dünn und die beste Zeit, mit den Ahnen und Wesen der »Anderswelt« in Kontakt zu treten.

Lassen Sie ein Zeichen Ihrer Ehrerbietung zurück, vielleicht einige getrocknete Rosenblütenblätter, einen Rosenquarz oder beträufeln Sie ein kleines Briefchen an Ihre Ahnen mit einem Tropfen ätherischem Rosenöl und binden Sie es in die Zweige.

Auf welche Weise möchten Sie heute noch kreativ sein? Vielleicht wollen Sie etwas aus Ihrem Leben niederschreiben, das Ihnen beim Ahnenritual bewusst wurde? Oder möchten Sie vielleicht ein Gedicht verfassen? Räuchern Sie, meditieren Sie, lassen Sie sich inspirieren … nichts muss geschehen, lassen Sie einfach nur das zu, was gerade geschehen möchte.

Fünfte Rauhnacht, 29. Dezember

Schreiben Sie auch heute Ihre nächtlichen Träume oder morgendlichen Gedanken nieder. Fragen Sie sich, ob es etwas gibt, was Sie noch im alten Jahr erledigen sollten. Haben Sie schon alle Schulden zurückgezahlt, alles Geliehene zurückgegeben und alle Versprechen eingelöst? Heute haben Sie dazu Gelegenheit.

Alles Unerledigte klebt an uns wie unsichtbarer Ballast, der uns zurückhält, nach unten zieht und verhindert, dass wir frei und unbeschwert leben können. Deshalb ist es wichtig, immer wieder bewusst hinzuschauen, was gerade ansteht, anstatt einfach nur so durchs Leben zu stolpern.

Die Zeit »zwischen den Jahren« ist wunderbar geeignet, um sich an Verdrängtes und Vergessenes zurückzuerinnern. Manches, was jetzt auftaucht, können Sie vielleicht unter »hat sich erledigt« abhaken, aber die anderen Dinge sollten Sie jetzt prüfen, ob die Zeit reif ist, sie abzuschließen.

Vielleicht möchten Sie ein Ritual durchführen, um endlich eine bittere Enttäuschung oder sonstigen Schmerz hinter sich zu lassen? Sehen Sie sich dabei nicht nur als Opfer der Situation. Versuchen Sie zu erkennen, was Sie daraus gelernt haben und wie Sie daran gereift sind.

Aber natürlich sollten Sie heute auch noch Spaß haben und sich an etwas Kreativem erfreuen. Falls Sie Ihren Birkenbesen für den Kehraus des alten Jahres noch nicht gebunden haben, wäre heute ein guter Tag dafür.

Was auch immer heute anstand, lassen Sie es vor dem Schlafengehen noch einmal an sich vorüberziehen. Versuchen Sie, mit der Vergangenheit Frieden zu schließen, um frei und unbeschwert in die Zukunft zu blicken.

Sechste Rauhnacht, 30. Dezember

Haben Sie gut geschlafen? Fühlen Sie sich schon etwas leichter und befreiter? Machen Sie sich ein paar Notizen und planen Sie den heutigen Tag. Zieht es Sie hinaus in die Natur, selbst wenn sie düster, eisig und verschneit erscheint? Möchten Sie sich wirklich hinauswagen in eine eiskalte, unwirtliche Winterlandschaft? Unbedingt! Denn wenn Sie sich nie eingelassen haben

auf die gleichermaßen raue Wildheit und zauberhafte Anmut winterlicher Landschaft und Natur, dann wird diese Zeit der Rauhnächte nichts anderes als eine Geschichte aus dem Märchenbuch für Sie sein.

Wenn Sie aber die wunderbaren Stimmungen am Himmel beobachtet haben, während Ihnen der Sturm um die Ohren pfiff und Sie die Eiskristalle auf der Haut und die Kälte in allen Gliedern gespürt haben, dann wird dies eine Erfahrung sein, die Sie nie mehr vergessen werden.

Ihr Sauerteig sollte inzwischen fertig sein, sodass Sie heute die Brotringe backen können. Während der Teig noch einmal ruht, um aufzugehen, können Sie einen Korb vorbereiten, bunte Bänder und kleine Kärtchen, auf die Sie für Freunde, Nachbarn und Verwandte gute Wünsche fürs neue Jahr schreiben. Dabei können Sie ruhig die Symbolik dieses alten Brauchs erwähnen, denn es schadet nicht, sich dessen bewusst zu werden, dass es nicht immer selbstverständlich war, ausreichend zu essen zu haben. Hier zwei Beispiele, aber verwenden Sie auch gern Ihre eigenen Worte:

Fürs kommende Jahr viel Glück und Segen!
Möge dir das Brot niemals ausgehen,
so wie auch dieser Ring kein Ende hat.

Sei von Herzen gesegnet,
im kommenden Jahr,
mög das Glück dir immer hold sein
und das Brot niemals rar!

Brote, die kultische Bedeutung hatten, wurden früher meist geräuchert und gesegnet, damit sich ihnen keinerlei negative Kräfte anhängen konnten. Im Münchner Raum wurden deshalb früher eigens sogenannte »Rauchwecken« zur Rauhnachtszeit gebacken.

Wenn Sie die Brotringe vor dem Verschenken räuchern möchten, benutzen Sie eine Mischung aus Beifuß, Wacholder und Fichtenharz und ziehen Sie die Ringe langsam einzeln durch den Rauch.

Dazu können Sie Worte sprechen wie: »Sei gesegnet und trage Glück und Segen zu denen, die dich empfangen werden.«

Dies ist nur ein Beispiel, finden Sie Ihre eigenen Worte.

Je nachdem, wie viele Brotringe Sie verteilen möchten, können Sie bereits am heutigen Abend damit beginnen.

Wurden die Brotringe gegessen, hat man sich auf diese Weise den Segen »einverleibt«. Sehr oft wollte man ihn allerdings bewahren und hat die Ringe in der Küche oder Stube aufgehängt.

Und vergessen Sie nicht, sich auch selbst mit einem dieser Brotringe zu beschenken!

Lassen Sie den Tag gemütlich ausklingen und hören Sie noch etwas meditative Musik, während Sie die Ereignisse des Tages an sich vorüberziehen lassen. Machen Sie sich Notizen zu allem, was heute in irgendeiner Weise bedeutungsvoll war.

Siebte Rauhnacht, 31. Dezember

Machen Sie sich gleich nach dem Aufwachen wieder Ihre ersten Notizen, was Sie geträumt haben und was Ihnen am Morgen des letzten Tages des alten Jahres so durch den Kopf geht. Was soll heute auf Ihrem Speiseplan stehen? Früher waren es bei wohlhabenderen Familien an Weihnachten die Gans und an Silvester der Karpfen, die traditionsgemäß auf den Tisch kamen. Die größte Schuppe des Karpfens wurde das ganze Jahr über im Geldbeutel aufgehoben, um zu bewirken, dass das Geld niemals ausging.

Ärmere Menschen begnügten sich oft mit Hirsebrei und Kraut. Aber da das Essen am Silvesterabend ein gutes Omen abgeben sollte für das kommende Jahr, bemühte man sich, nach Möglichkeit einigermaßen reichlich aufzutischen.

Überlegen Sie sich deshalb, womit Sie sich heute Abend selbst verwöhnen möchten.

Vielleicht möchten Sie auch Freunde einladen, um gemeinsam gut zu speisen, zu orakeln und das alte Jahr auszukehren?

Zu den Fruchtbarkeitsbräuchen in der Silvesternacht gehörte früher, dass die Bäuerin Brotstücke in den Garten trug und unter die Apfel- und Birnbäume legte, damit sie im nächsten Jahr gut tragen würden. Dazu sagte sie nur ganz schlicht: »Baam esst's.« In manchen Gegenden wurden kleine Münzen unter die Rinde geschoben oder man band Äpfel an die Zweige der Obstbäume. Dahinter stand der Gedanke, dass alles ein Wachsen und Vergehen und auch ein Geben und Empfangen ist und dass man immer zuerst etwas geben muss, um später etwas empfangen zu können.

Solche kultischen Handlungen stellten auch eine Wertschätzung gegenüber den lebensspendenden Kräften dar, gegenüber der Erde, den Pflanzen und auch Tieren.

So hat man in dieser Nacht auch den Tieren im Stall mehr Futter als sonst in die Krippe gegeben, in manchen Gegenden auch Grünkohl oder andere Kohlköpfe und auch ein paar getrocknete Blüten vom sommerlichen »Kräuterbusch'n«. Sie sollten den Tieren helfen, gesund ins neue Jahr zu kommen.

Vielleicht haben Sie Glück und können an einem Perchtentreiben teilnehmen. Nur wird es nicht so einfach sein, noch wirkliches Brauchtum vorzufinden, das noch nicht zu einer touristischen Attraktion verkommen ist. Heutzutage scheint es vor allem darum zu gehen, möglichst viele wüste Masken zur Schau zu stellen und gleichzeitig möglichst viel Krach zu machen.

Aber natürlich müssen Sie sich weder an irgendwelchen künstlich inszenierten Perchtentreiben noch an Silvesterknallereien beteiligen. Sie können Ihren ganz persönlichen, individuellen Kehraus planen. Vielleicht haben Sie Freunde, die auch Besen aus Birkenreisig gebunden haben; so können Sie gemeinsam das alte Jahr auskehren, alte Belastungen, Leiden und Plagen … Wenn Sie mögen, beschließen Sie gemeinsam, was alles weggeputzt und rausgekehrt werden soll – und dann tun Sie's mit vereinten Kräften.

Später am Abend ist die Zeit zum Orakeln. Suchen Sie sich aus den Anregungen dieses Buches die aus, die Ihnen zusagen. Je nach Art Ihrer Fragen können Sie auch verschiedene Orakel befragen. Notieren Sie sich die Antworten, denn es kann gut sein, dass Ihnen die Bedeutung erst zu einem späteren Zeitpunkt bewusst wird. Räuchern Sie während des Orakelns, damit Sie energetisch geschützt sind und die Atmosphäre klar bleibt.

Wenn Sie etwas transformieren möchten, schreiben Sie es auf kleine Zettelchen – auch Wünsche, die Sie mit dem Rauch gen Himmel schicken möchten. Übergeben Sie diese mit der Bitte um Erfüllung an die Glut der Räucherschale, damit sie dort verbrennen.

»Silvesterpunsch« von anno dazumal

Da sich das Orakeln bis spät in die Nacht hinziehen kann, könnten Sie sich mit einem Silvesterpunsch stärken:

- 1,5 Liter Wasser erhitzen
- 5 Zitronen und eine Orange in Scheiben geschnitten ins heiße Wasser geben
- 5 Gramm Schwarztee oder Kräutertee zugeben
- 3 Minuten sieden lassen, dann durch ein Tuch seien und ausdrücken
- 750 ml Rotwein und 1 Glas Arrak zugeben, erhitzen, aber nicht kochen. Mit Honig oder Zucker abschmecken.

Kommen Sie beschwingt und guten Mutes ins neue Jahr!

Achte Rauhnacht, 1. Januar

Der erste Tag des neuen Jahres war seit jeher von besonderer Bedeutung, denn die Frage, die jeden umtrieb und für Spannung sorgte, war, ob es irgendwelche verheißungsvollen Träume gegeben hatte, irgendwelche Ahnungen oder Omen. Machen auch Sie sich heute möglichst gleich nach dem Aufwachen Ihre Notizen und schenken Sie Ihren Träumen Beachtung.

An diesem Tag hat man früher frische Kleider angezogen. Das war nicht selbstverständlich, denn da zur Rauhnachtszeit nicht gewaschen wurde und die Menschen nur wenig Kleidung besaßen, konnten sie nicht täglich ihre Kleidung wechseln. Man hat versucht, am ersten Tag des neuen Jahres so zu leben, wie man es sich das kommende Jahr über wünschte, und hat alles vermieden, was eine schlimme Vorbedeutung haben könnte. In manchen Gegenden gab es auch die Sitte, sich in einer Schüssel zu waschen, in der Geldstücke im Wasser lagen. Das sollte Glück und Wohlstand bringen.

Auch das »Neujahr-Anwünschen« war vielerorts üblich, und vielleicht möchten Sie den Tag nutzen, um Freunden, Nachbarn, guten Bekannten oder Verwandten Ihre guten Wünsche persönlich zu überbringen? Vielleicht sogar auf musikalische Weise oder mit einem Gedicht? Haben Sie Ihre selbstgebackenen Brotringe schon alle verteilt? Lassen Sie sich doch einfach etwas Originelles einfallen für diesen allerersten Tag des neuen Jahres, vielleicht können Sie dies auch gemeinsam mit Freunden in Angriff nehmen!

Neunte Rauhnacht, 2. Januar

Auch heute beginnen Sie mit einer kleinen Rückschau oder Innenschau. Wie war die letzte Nacht? Fegen die Winterstürme noch ums Haus? Oder hat der Winter schon begonnen, sich zurückzuziehen?

Heute wäre wieder ein guter Tag, um rauszugehen, zu spüren, wie das neue Jahr sich anfühlt, jetzt, wo das krachende Getöse der Silvesternacht endgültig verklungen ist. Vielleicht kann man noch das eine oder andere Ständchen vor den Haustüren vernehmen und ab und zu den lautstarken Ruf: »A guats neis Joahr.« Und manchmal hört man dann das Klimpern einiger Münzen und die Frage: »Mögt's a Schnapserl« und das postwendende: »Ja, freili«.

In den Dörfern sind jetzt auch die Kinder fleißig unterwegs. Sie tragen an den Türen Verse mit guten Wünschen vor und bekommen dafür Süßigkeiten und meistens auch ein bisschen Kleingeld.

Auch die »Heiligen Drei Könige«, meist Ministranten, die vom Mesner eingekleidet und begleitet werden, ziehen bereits von Tür zu Tür, denn bis zum 6. Januar sollen sie vor jedem Haus gesungen haben. Wenn ihnen geöffnet wird, treten sie ein, sagen jeder noch ein Sprüchlein auf und schwenken dann mehr oder weniger wild den Weihrauch durch die Luft. So haben sie

wenigstens auch ein bisschen Spaß, denn die Süßigkeiten, die sie bekommen, bedeuten den Kindern heutzutage nicht mehr allzu viel. Das Geld, das die Leute spenden, kassiert der Mesner, aber die Kinder können sich immerhin damit trösten, dass es für einen guten Zweck ist.

Bevor die »Heiligen Drei Könige« weiterziehen, schreiben sie die Buchstaben C+M+B über die Eingangstür. So soll während des Jahres kein Übel über die Schwelle kommen. Die Bedeutung wird unterschiedlich interpretiert. In der Vergangenheit dachte man meist, es handle sich um die Anfangsbuchstaben der »Heiligen Drei Könige«, von Caspar, Melchior und Balthasar. Aber eine andere Deutung besagt: »Christus Mansionem Benedicat«, was so viel heißt wie »Christus segne dieses Haus«. Dies galt früher als Bannspruch, heute als Bitte um Segen. Diese Formel soll den göttlichen Segen für das Haus und seine Bewohner anrufen und sie vor Unglück schützen. In manchen Gegenden ist auch die Schreibweise K+M+B üblich. Dabei wird das »K« als Abkürzung für das griechische Wort »kyrios« interpretiert, was »Herr« bedeutet.

Vielleicht möchten Sie ein paar Gaben mit hinausnehmen in die Natur? So wie die Bäuerinnen früher etwas für Frau Holle und die umherziehenden Geister hinters Haus gestellt haben, können Sie ein paar Gaben wie Früchte und Nüsse mit hinaus in die Natur nehmen. Denn so wichtig es für unsere Ahnen war, den Winter auszutreiben, so wichtig war es auch, die Natur zu wecken und zu stärken. Deshalb wird es jetzt Zeit, die Naturgeister aufzuwecken und aus ihrem winterlichen Rückzug zu

locken, damit sie die Natur von Neuem beseelen und alles wieder wachsen und gedeihen lassen. Je mehr sie erstarken, schwächen sie die Kräfte des Winters. Deshalb hat man ihnen kleine Gaben unter die Bäume oder Sträucher gelegt oder etwas in die Zweige gehängt. Und natürlich können Sie speziell für diesen Zweck ein paar kleine Brotringe backen.

Genießen Sie die winterliche Wanderung, gönnen Sie sich Zeit, die Natur zu betrachten und die Stimmung in sich aufzunehmen, beobachten Sie die Tiere, die Ihnen unterwegs begegnen, und halten Sie Ausschau nach einem Platz für Ihre Gaben. Während Sie Ihr Körbchen abstellen oder etwas Gebäck an die Zweige hängen, drücken Sie mit ein paar schlichten Worten Ihre liebevolle Absicht aus, und danken Sie für alles, was die Natur immer wieder hervorbringt. So schenken Sie auch den Elementargeistern die ihnen zustehende Würdigung.

Beschließen Sie den Tag mit einer Räucherung und einer Rückschau, und halten Sie alles fest, was Ihnen heute wichtig und bedeutungsvoll erschien.

Zehnte Rauhnacht, 3. Januar

Wie war die Nacht? Wie fühlen Sie sich? Erinnern Sie sich an Ihre Träume? Machen Sie sich Notizen und planen Sie den heutigen Tag.

Ist das Heer der »Wilden Percht« noch unterwegs? Irren noch immer arme Seelen umher? Jetzt, wo die Schleier zur Anderswelt so dünn sind, mag wohl die eine oder andere Seele hinübergehen ins Licht, um endlich ihren Frieden zu finden. Vielleicht möchten Sie den armen Seelen, die »erdgebunden« hier umherirren, helfen, endlich ihren Weg ins Jenseits zu finden? Fürchten Sie sich nicht, die meisten dieser Seelen sind harmlos, aber manchmal waren sie zum Zeitpunkt ihres Todes verwirrt, oder sie sind eines so plötzlichen Todes gestorben, dass sie nicht realisiert haben, »tot« zu sein. Jetzt wundern sie sich, warum niemand mehr mit ihnen spricht und sie von allen ignoriert werden. Die dritte Möglichkeit ist, dass es noch etwas gibt, was sie zurückhält, z. B. ein Mensch, den sie lieben und nicht loslassen können, ihr ehemaliger Besitz, an dem sie immer noch hängen, oder eine Schuld, die sie noch nicht beglichen haben.

Wie gesagt, Sie brauchen sich nicht zu fürchten, doch auch unsere Vorfahren haben sich vor Geistern geschützt, wenn sie ihnen unheimlich waren. Im Gegensatz zu Ahnengeistern, die »auf Besuch« kommen, waren die »erdgebundenen Seelen« noch nicht im Jenseits. Wenn Sie ein Ritual für erdgebundene Seelen durchführen möchten, dann empfiehlt sich als Erstes ein schutzmagisches Bad.

Engelwurzbad

Setzen Sie 100 Gramm zerkleinerte Wurzeln der Engelwurz (*Angelica archangelica,* aus der Apotheke) in 2 Liter kaltem Wasser an und lassen diesen Ansatz für etwa 2 Stunden ziehen. Anschließend alles 10 bis 15 Min. köcheln lassen, durch ein Sieb gießen und dem Badewasser zufügen.
Die Engelwurz wird auch als »Schutzengel aus dem Pflanzenreich« bezeichnet, denn sie ist die wichtigste der traditionellen Pflanzen für den Abwehrzauber. Es heißt, dass sie der Aura einen Lichtmantel verleiht, der alles Negative fernhält. Ein Bad mit dem Sud der Wurzel (nicht innerlich verwenden!) wirkt befreiend und entspannend bei Ängsten und Konflikten. Traumerleben und intuitive Wahrnehmung werden gefördert.

Um desorientierte, irdisch verhaftete Seelen Verstorbener ins Licht zu geleiten, sind Wurzel oder Samen der Engelwurz die ideale Räucherung. Nachdem Sie sich selbst mit einer Feder abgeräuchert haben und der Raum vom Rauch erfüllt ist, begeben Sie sich in einen meditativen Zustand.

Visualisieren Sie einen goldenen Lichtstrahl in der Mitte Ihres Raumes. Lassen Sie diesen Strahl tief in die Erde hineinreichen und gleichzeitig weit nach oben in den Himmel. Sehen Sie, wie er sich ausdehnt und schließlich über den Raum hinauswächst, immer heller und immer leuchtender wird und wie ein Magnet Seelen anzieht, die jetzt bereit sind, ins Jenseits hinüberzugehen.

Sie müssen weder hellsichtig sein noch mit einzelnen Seelen bewusst kommunizieren können. Sprechen Sie intuitiv mit ihnen, erklären Sie ihnen, dass sie ohne Körper hier am falschen Ort sind, dass sie jetzt gehen dürfen, dass alles gut ist … und bitten Sie die Engel, diesen Seelen helfend die Hand zu reichen.

Das ist alles, was Sie tun können. Nutzen Sie Ihre Intuition, um zu wissen, wann Sie den geistigen Helfern für ihre Unterstützung danken und das Ritual beenden.

Halten Sie vor dem Schlafengehen Ihre übliche Rückschau, und machen Sie sich, wie immer, Notizen.

Elfte Rauhnacht, 4. Januar

Heute ist die vorletzte Rauhnacht. Wie ist Ihr Gemütszustand? Haben Sie geträumt? Schreiben Sie alles Wichtige auf.

Überlegen Sie sich, was Sie in diesem gerade angebrochenen Jahr gern verwirklichen möchten. Oft haben wir die kühnsten Ideen, wunderbarsten Visionen und tollsten Pläne, aber sie scheinen sich immer nur irgendwo in ferner Zukunft realisieren zu lassen.

Heute lautet Ihre Aufgabe: Schreiben Sie alles auf, was Sie in Ihrem Leben noch erreichen möchten, und machen Sie dazu zwei Spalten, nämlich »dieses Jahr« und »später«.

Verbringen Sie den Tag damit, sich Gedanken zu machen, auf welche Art es Ihnen gelingen könnte, zumindest einen Teil Ihrer Ideen, Pläne und Visionen in diesem gerade beginnenden Jahr umzusetzen.

Gönnen Sie sich eine wohltuende und inspirierende Räucherung, z. B. mit Alantwurzel, Schafgarbe und Styraxharz. Begeben Sie sich in Meditation und bitten Sie darum, Inspirationen zu empfangen, wie Sie Ihre Ziele am besten erreichen können.

Nehmen Sie sich den ganzen Tag Zeit, lassen Sie vor dem Schlafengehen noch einmal alles an sich vorüberziehen und notieren Sie alle wichtigen Gedanken und Empfindungen.

Zwölfte Rauhnacht, 5. Januar

Hat der gestrige Tag noch in Ihnen nachgeklungen? Notieren Sie all Ihre nächtlichen Träume und morgendlichen Gedanken.

Die letzte Rauhnacht ist angebrochen. Die letzten Perchtentreiben sind unterwegs, morgen ist »Dreikönig«, und spätestens an diesem Tag wurden früher Haus und Stall ausgeräuchert. Und vielerorts war an »Dreikönig« Badetag, denn ein Bad an diesem Tag versprach Gesundheit für das ganze Jahr. Dabei sollte man bedenken, dass es selbst um 1900 herum auf dem Land noch keine Badezimmer gab und dass man in Holzzubern badete, in denen sonst die Wäsche gewaschen wurde. Das Badewasser musste oft noch über dem offenen Feuer erhitzt werden, und deshalb war so ein Badetag ein seltenes Ereignis, das mit sehr viel Aufwand verbunden war.

Winterstimmung (Freilichtmuseum Glentleiten, www.glentleiten.de)

Wenn Sie heute baden wollen, genießen Sie den unglaublichen Luxus, einfach nur den Hahn aufzudrehen, aus dem so viel heißes Wasser herausfließt, wie Sie gerne haben möchten.

Es hieß, dass in der Nacht zu »Dreikönig« die Ahnengeister zum letzten Mal auf Besuch kamen, bevor ihr Wirken wieder beendet war. Man stellte ihnen zum letzten Mal Speisen vors Fenster und einen Krug mit Wasser und Brot auf den Tisch.

Die Rückkehr zum normalen Alltag steht nun bevor. Halten Sie noch einmal Rückschau, um zu sehen, was Sie während dieser zwölf heiligen Nächte erlebt haben, was Sie bewegt hat, was sich für Sie verändert hat und inwieweit die Erfahrungen dieser Zeit Ihr Leben in Zukunft beeinflussen mögen.

Zum Schluss

Jetzt, wo Sie einen Einblick in das Weltbild unserer Ahnen bekommen haben, wissen Sie, dass die alten Bräuche, Riten und Traditionen nicht einfach nur aus abergläubischen Fantasien unserer Vorfahren entstanden sind. Es zeigt sich vielmehr, dass die Reaktionen der ländlichen Bevölkerung auf Naturgewalten und -phänomene Teil des universellen Gedankengutes sind, das Gültigkeit für die gesamte Menschheit besitzt und dass die Interpretation dieser Phänomene nichts mit örtlich begrenzter, folkloristischer Tradition zu tun hat.

Bekommen Sie ein Gespür für alte Überlieferungen, Traditionen und Bräuche, und lernen Sie zu unterscheiden zwischen verinnerlichter Tradition mit echtem, alten Brauchtum und einem bedeutungslosen, rein folkloristischen Spektakel!

Möge dieses Buch dazu beitragen, die tiefere, schon fast verloren gegangene Bedeutung der Rauhnächte wieder aufleben zu lassen. Denn durch den reichen Erfahrungsschatz unserer Ahnen können wir zurück zu unseren eigenen kulturellen Wurzeln finden.

Bezugsquellen für Räucherzubehör

»Die Blumenschule« in Schongau:
www.blumenschule.de

»Der Räucherkoffer« in München:
www.derraeucherkoffer.de